Elementos de
Direito Tributário

Homenagem ao Prof. Emérito do Mackenzie Dejalma de Campos

Elementos de Direito Tributário

Homenagem ao Prof. Emérito do Mackenzie Dejalma de Campos

EDITORA RIDEEL

EXPEDIENTE

Editor	Italo Amadio
Editora Assistente	Katia F. Amadio
Assistente Editorial Jurídico	Adão Pavoni Jr.
Coordenação da Revisão	Roseli B. Folli Simões
Produção Gráfica	Hélio Ramos
Preparação	Rosalina Sanches de Araujo
Revisão	Kelly Soares e Gisela Carnicelli
Projeto Gráfico	Monique Bruno Elias
Diagramação	Microart

Dados Internacionais de Catalogação na Publicação (CIP)
(Câmara Brasileira do Livro, SP, Brasil)

Elementos de direito tributário : homenagem ao prof. Dejalma de Campos. – São Paulo : Rideel.

ISBN 978-85-339-0997-7

1. Campos, Dejalma de, m. 2007 2. Direito tributário 3. Direito tributário – Brasil.

07-9075   CDU-34:336.2 (81)

Índice para catálogo sistemático:
1. Brasil : Estudos em homenagem : Direito tributário 34:336.2 (81)

© Copyright - Todos os direitos reservados à

Av. Casa Verde, 455 – Casa Verde
CEP 02519-000 – São Paulo – SP
e-mail: sac@rideel.com.br
www.rideel.com.br

Proibida qualquer reprodução, seja mecânica ou eletrônica, total ou parcial, sem prévia permissão por escrito do editor.

1 3 5 7 9 8 6 4 2
1 1 0 7

APRESENTAÇÃO

Quanto a esta obra coletiva em homenagem a meu pai, impossível deixar de destacar a natureza familiar em que ela foi concebida.

De um lado, amigos pessoais e amigos da Faculdade de Direito da Universidade Mackenzie, mentes brilhantes com as quais tenho o prazer do convívio e que, muitas vezes, sem se darem conta, têm sido fundamentais na superação de minha perda pessoal.

De outro lado, a família Rideel, da qual meu pai se aproximou de imediato e, em muito pouco tempo, tornou-se autor desta prestigiosa Editora.

Certo é que a espontaneidade com que esta obra foi organizada e a liberdade que foi dada aos autores por parte da Editora denotam o carinho que todos aqueles que colaboraram nutriam pelo homenageado.

Quanto ao homenageado, de que forma poderia eu apresentá-lo?

Ora, falar que Dejalma era marido de Lucina, corinthiano "de carteirinha" desde 1954 e que se dizia "Pai" de uma Shitzu chamada Nina pouco ou quase nada acrescentaria aos leitores.

A solução que me parece natural nos remete à apresentação de um Dejalma que poucos conhecem.

O Dejalma da pequena Cidade de Olímpia, que em suas brincadeiras se tornava A Grande Olímpia, região metropolitana que agrupava cidades como São José do Rio Preto, Ribeirão Preto, Campinas e, em verdade, toda e qualquer cidade localizada no interior de São Paulo.

O Dejalma que viera para a Capital, da qual mais tarde se tornaria cidadão, primeiro para concluir seus estudos científicos no Colégio Bandeirantes e, em seguida, ingressar conjuntamente em Jornalismo, na Faculdade Cásper Líbero, e Filosofia, na PUC de São Paulo.

É dessa época o Dejalma apaixonado por cinema, cineasta de carreira curta. Mas, talvez, o mais surpreendente tenha sido seu flerte com a Literatura.

Sua produção literária deste período permanece inédita, ao menos para aqueles que não eram ouvintes do programa Carrossel Social, apresentado por Santo Leno Neto na Rádio Difusora de Olímpia, no início de 1956.

Este é o autor que me proponho a apresentar por intermédio das transcrições iniciais da presente obra.

São Paulo, agosto de 2007.

MARCELO CAMPOS

APRESENTAÇÃO DA FACULDADE DE DIREITO

Por iniciativa de um grupo de professores da nossa Faculdade vem à luz a obra *Elementos de Direito Tributário*, que reúne estudos em homenagem ao saudoso e querido Professor Dejalma de Campos.

Dois aspectos, penso, devem ser ressaltados. O primeiro é o espírito *mackenzista*: fraterno, sólido, inabalável e motivador desta homenagem. O segundo, a qualidade dos estudos que compõem a obra, testemunhos inequívocos do padrão de excelência perseguido pela Comunidade Jurídica Mackenzista.

Dejalma de Campos, que recentemente nos deixou, foi um realizador a todos os títulos: grande impulsionador da Academia Brasileira de Direito Tributário, que presidiu por longos anos por decisão de seus pares, que mantém revista referência na especialidade de reconstrutor da Academia Paulista de Letras Jurídicas, que também presidiu. Hoje sucedido na Cadeira que leva seu nome por seu filho Marcelo de Campos. Promotor e realizador dos Congressos de Direito Público e de Direito Tributário, regularmente, que congregaram especialistas nacionais e estrangeiros para estudos e discussões de aspectos importantes da especialidade. Professor Emérito, cuja reputação ultrapassou os limites do território nacional. Não basta, ele foi uma das personalidades mais ricas com quem convivemos. Ameno e lhano, fraterno, simples, alegre, amigo, solícito e, acima de tudo, presente.

É-me grato, portanto, apresentar a Obra, e o faço com a saudade pelo amigo querido, cuja convivência deixou lacuna.

A jovem Prof.a Ana Flávia Messa apresenta o interessante estudo sob o título "Princípio da Noventena", o Prof. Argos Gregório nos brinda com a "Teoria geral do Direito Tributário Substantivo", o Prof. Edison Fernandes apresenta "Funções do tributo e tributação democrática".

O jurista Ives Gandra nos oferece "Limites global e parcial de despesas com pessoal do serviço público na lei de responsabilidade fiscal e na Constituição do Estado de Sergipe", o jurista José Souto Maior leciona com "Em socorro da Obrigação Tributária: nova abordagem epistemológica".

O Prof. Heitor Regina estuda o "Uso abusivo de emendas à Constituição", e, na mesma trilha, o Prof. Hélcio Dallari nos oferece estudo sobre a "Constituição e Direito Tributário". O Prof. Sydnei Saraiva Apocalipse apresenta o tema "Juros sobre o capital próprio e usufruto: pagamento desproporcional".

O Prof. José Carlos Francisco estuda o interessante tema: "Responsabilidade social e aspectos jurídicos da omissão da anotação de contrato de trabalho na CTPS", e a Prof.ª Zélia Pierdoná nos brinda com "Imunidade das contribuições de seguridade dirigida às entidades beneficentes de assistência social: inexistência de lei complementar para fixar requisitos". O Prof. Francisco Pedro Jucá aborda os "Fundamentos da obrigação tributária", e o Prof. João Bosco Pasin examina "A ética fiscal em face da moralidade institucional e cidadã".

Os estudos são de fôlego e bem escritos, ao feitio do homenageado, a leitura atrai e ilustra. Deles se extrai ensinamentos úteis. Sem dúvida é contribuição acadêmica Mackenzista à Ciência Jurídica, como foi a vida do homenageado; exatamente por isso honra-me e alegra-me apresentá-los.

Prof. MSc. Núncio Theóphilo Neto
Diretor da Faculdade de Direito
da Universidade Presbiteriana Mackenzie

PALAVRA DA ACADEMIA PAULISTA DE LETRAS JURÍDICAS – APLJ

Encarregou-me a Diretoria da Academia Paulista de Letras Jurídicas de, na condição de Vice-Presidente, fazer o registro do Silogeu nesta importante obra dos Professores do Mackenzie em homenagem ao Jurista, Professor Emérito e ex-Presidente da APLJ, Dr. Dejalma de Campos.

Faço-o com alegria pelos méritos dos trabalhos e de seus autores, com a saudade daquele que foi o grande comandante do Silogeu Paulista.

Manifesto, assim, o registro da APLJ em homenagem e gratidão ao seu Dirigente, seu Entusiasta, ao Confrade inesquecível, que alcançou efetivamente, já, a imortalidade nas letras jurídicas, no magistério, na cultura jurídica e, sobretudo, no coração e memória dos que, como eu, tiveram o privilégio da sua convivência ímpar.

Em nome da Casa que se irmana na homenagem, congratulo-me com os autores, louvo a qualidade da contribuição, e parabenizo o Mackenzie, também minha Casa, por mais esta produção científica.

Roque Theóphilo Junior
Vice-Presidente da
Academia Paulista de Letras Jurídicas

SINGELA HOMENAGEM A UM GRANDE AMIGO

Foi em uma reunião organizada pela Prof.ª Ana Flávia Messa com mais de trinta professores, realizada em minha sala na sede da Editora Rideel, em São Paulo, que tivemos o prazer de conhecer o ilustre tributarista, Dr. Dejalma de Campos.

Ao sermos apresentados pela Prof.ª Ana Flávia, deparei-me com um senhor bastante alegre e comunicativo, e a empatia entre nós aconteceu de maneira instantânea. Nesta mesma ocasião, tive o prazer de conhecer, também, seu filho, Dr. Marcelo Campos, que, atualmente, é autor desta casa.

Com o passar do tempo, nosso relacionamento com este emérito Professor da Universidade Mackenzie se estreitou bastante, principalmente após o lançamento de sua obra de Direito Processual Tributário em nossa coleção de Resumos, voltada para o exame da OAB e concursos públicos.

Como é do conhecimento de todos, nosso querido amigo foi o Fundador e Presidente de uma das entidades mais respeitadas e atuantes na seara do Direito Tributário, a Acadêmica Brasileira de Direito Tributário – ABDT –, à qual tivemos o prazer e a honra de dar suporte durante a realização do XVIII Simpósio Nacional de Estudos Tribuários realizado em 14 e 15 de setembro de 2006 em São Paulo, com a participação de figuras importantíssimas para o Direito Brasileiro, como o ex-Ministro do STF, Dr. Carlos Velloso. Reiteramos nosso apoio aos ideais do grande tributarista Dejalma de Campos.

Estava também em nossos planos a edição de um dicionário jurídico de autoria do eminente Professor Dejalma de Campos, mas que, por desígnios da vida, não pôde ser concluído.

Perdemos mais que um autor; perdemos um grande amigo, uma grande amizade, mas que durou pouco tempo. Que esta singela homenagem à sua memória possa reviver tudo aquilo que representou este grande homem nas nossas vidas.

Italo Amadio
Editor

ESCRITOS À MÃO

Nas próximas páginas, publicamos textos que eram desconhecidos, mesmo para quem tinha contato mais estreito com o homenageado.

São verdadeiras raridades descobertas pelo Prof. Marcelo Campos nas escrivaninhas de seu pai.

Nestas antigas anotações, que foram digitalizadas e passam a compor a obra, esperamos aproximar o leitor da figura criativa e espontânea que era o Prof. Dejalma de Campos; sempre cheio de alegria e paixão pelo viver.

A Editora

①

Boa tarde, minha desconhecida...

Terminára o barulhento baile infantil de Carnaval. Mães sorridentes, acariciavam seus irrequietos foliões. Ao aparecer "Rei Momo", as correrias não puderam ser controladas. Todos queriam, ao mesmo tempo, abraçá-lo à despedida. A criança que você, minha desconhecida, tinha ao colo, fantasiada de gatinho, ficou impaciente, estendendo os braços agitadamente em direção à fantasia do "Rei da Folia". Você falou qualquer coisa, quase ao ouvido do mais folgazão dos carnavalescos. A criança passava as mãozinhas na fantasia do Rei dos seus sonhos. Aproximei-me. "Rei Momo" chorava. A sua sensibilidade não resistira. Aquela criança

②

nunca o poderia ver. Era cega. Pensando ainda, nessa brusca transformação é que escrevi estes versos:

"Tu não conheces a luz
Mas tens os lábios sorrindo.
Quem te vê fica sofrendo,
E os olhos ficam carpindo.

De vê-lo assim quem não sente
Tristezas no coração?!
Vive num mundo de trevas
Só conhece escuridão

O ruído festivo continuava entre a criançada feliz.
Você, minha desconhecida, olhava tristemente para seu filho sorrindo, e para aquele adulto chorando no meio de músicas carnavalescas. Seu garotinho encontrava a felicidade no tacto de suas pequeninas mãos. Con-

③

tinuei fazendo versos ; que não
poderão nunca transmitir a
emoção que aquêle impre-
visto me causou:

   "Nada vês do que se passa,
   Mas sentes em sua mão
   A semente milagrosa
   De tua imaginação.

   A cantar alegremente
   Infantis grupos corriam.
   Rei Momo, triste chorava.
   Teus olhos, sem ver sorriam.

   A tua infelicidade
   Ninguém a pode ocultar...
   Andas sempre a demonstrá-la
   Por ser triste o teu olhar".

Aos poucos foram embora
os últimos grupos.
   Você, minha desconhecida,
deu ao seu filho momentos

④

felizes. Se, por vêzes a sua
amargura for maior que
suas fôrças, peça a Deus
misericórdia e bondade para
êsse inocente. Êle em sua
infinita bondade irá ouvi-la.
   Tenha esperanças e...
Boa tarde, minha desconhecida.

Djalma de Campos

②

Padecimentos passados
Os trabalhos que já destes
Preocupações e cuidados?!

Maldito sangue que tens
Produto de satanaz...
Quem mal quer a própria Mãe
Para ser Mãe é incapaz.

  Há nas palavras que
a minha caneta vai formando
uma confusão de sentimentos.
Não sei bem o que sinto. In-
dignação ou piedade. Talvez que
as queixas que você formulava
não fossem sinceras. Provável-
mente você procurava... cartaz!
Triste cartaz. Mas... continue-
mos com alguns versos... a
contra gôsto.

  Perdão tu deves pedir
  A Deus pelo teu pecado,

③

Se fores Mãe, algum dia
Irás lembrar Teu passado...

Vives uma vida fútil
Isenta de sentimentos...
Quando sentirás no peito
Algum arrependimento?

Mãe, que sempre deverá
Nos ficar no coração...
Que nunca julga ser tarde
Para nos dar um perdão.

  Que o destino jamais
me faça ouvir palavras como
as suas ~~jamais~~ lhe dirijo o meu
Penalizado ?
  Boa tarde, minha desconhecida...

  ;)

Djalma de Campos

ESCRITOS À MÃO

①

Boa tarde, minha desconhecida...

      ~~Ônibus~~ *aviões* partiam e ~~ônibus~~ *aviões* chegavam. Você, encantadoramente nervosa, esperava alguém que deveria chegar. Não havia sossego para os seus pequeninos pés que pareciam acompanhar o ritmo do seu coração. Um grande ~~ônibus~~ *avião* chegou.

      Desceu alguém quase correndo, caindo em seus braços amorosamente. Vocês trocaram ~~poucas~~ palavras de carinho e amor. Uma palavra porém, era repetida seguidamente: "Saudade". Ela vinha em frases curtas e constantes. Eram saudades sentidas em torno de tudo.

      Pensando em tantas saudades é que escrevi estes versos... repletos de saudades.

"Querida, quantas saudades,
  Quantas saudades de ti

②

Saudades, meu grande amor,
Tão grande nunca senti.

Chuando em noites de luar
Tudo estava em claridade
Muito mais triste eu ficava
Torturado por saudade.

~~Quando um noites de luar
Tudo estava em claridade
Muito mais triste eu ficava
Torturado por saudade.~~

      Era um prazer vê-los na satisfação que aquele regresso significava. Todos se apressavam em sair do aeroporto, mas vocês haviam esquecido tudo quanto não fôsse o ~~seu~~ amor... Continuei escrevendo versos... procurando que a palavra saudade fôsse repisada ao máximo.

②

Ao nasceres eu sofri
Dos ferros amarga dôr
Tendo-te agora em meus braços
Sou feliz com tanto amôr...

Você, minha desconheci-
da, mostrava com orgulho
maternal aquele corpo peque-
nino e gracioso. Era belo o
quadro que você oferecia,
continuei escrevendo.

Tão pequenina em meus braços
Mas tão grande em meu amôr
Minha filha, a minha vida
Agora tem mais sabor

Filha quando nascestes
A minha vida sorriu...
Alegria assim tão grande
Tua Mãe nunca sentiu

③

Amôr de Mãe sem igual
Amor sem ter ambição
Amor, Ternura, meiguice
Amor, todo um coração"...

Quantas mães sentem
a felicidade divina que
só a maternidade pode oferecer. É com o coração
comovido que lhe dirijo
o meu:

"Boa tarde, minha desconhecida."

Djalma de Campos

SUMÁRIO

Princípio da noventena – *Ana Flávia Messa*..................... 21

Teoria geral de direito tributário substantivo – *Argos Magno de Paula Gregório*.................. 31

Funções do tributo e tributação democrática – *Edison Carlos Fernandes*.................. 39

Fundamentos da obrigação tributária: algumas reflexões – *Francisco Pedro Jucá*.................. 47

Uso abusivo de emendas à Constituição – *Heitor Regina*............ 55

Constituição e direito tributário – *Hélcio de Abreu Dallari Júnior*..... 69

Limites global e parcial de despesas com pessoal do serviço público na Lei de Responsabilidade Fiscal e na Constituição do Estado de Sergipe – *Ives Gandra da Silva Martins*..................... 75

A ética fiscal em face da moralidade institucional e cidadã – *João Bosco Coelho Pasin*.................. 99

Responsabilidade social e aspectos jurídicos da omissão da anotação de contrato de trabalho em CTPS – *José Carlos Francisco*... 111

Em socorro da obrigação tributária: nova abordagem epistemológica – *José Souto Maior Borges*.................. 117

Juros sobre o capital próprio e usufruto: pagamento desproporcional – *Sidney Saraiva Apocalypse*.................. 139

Imunidade das contribuições de seguridade dirigida às entidades beneficentes de assistência social: inexigência de lei complementar para fixar os requisitos – *Zélia Luiza Pierdoná*.................. 151

PRINCÍPIO DA NOVENTENA

Ana Flávia Messa[1]

Direito tributário é um ramo do direito público formado por normas que disciplinam a relação entre Estado (Fisco) e sujeito passivo, resultante da imposição, arrecadação, fiscalização e extinção dos tributos.

O sujeito passivo pode ser pessoa física ou jurídica, contribuinte ou não. Uma pessoa não contribuinte, como a isenta ou imune, está submetida ao direito tributário, pois, apesar de não ter que arcar com a obrigação de pagar, possui outras obrigações tributárias, como preencher declaração de imposto, que são as obrigações acessórias ou deveres instrumentais.

Apesar de cada doutrinador possuir sua definição de direito tributário, podemos extrair elementos comuns que formam a essência da sua conceituação:

a) *ramo do direito público* – é um ramo da ciência jurídica em que há a presença do Estado, que exige o tributo de forma coercitiva, no exercício do seu poder de império;

b) *ramo autônomo* – é um ramo independente dos demais, possuindo conceito e princípios próprios;

c) *objeto próprio*:

– *direto* – abrange o estudo da: *instituição*: é a criação do tributo, que somente pode ser feita pelo Estado, representado pela União, Estados, Distrito Federal e Municípios; *arrecadação*: alguns autores sustentam que a arrecadação de dinheiro para os cofres

---

[1] Mestre em Direito Político e Econômico. Professora na Universidade Presbiteriana Mackenzie.

públicos é o objeto principal do direito tributário.[2] É a cobrança do tributo, feita por meio de procedimentos próprios e funcionários específicos; *fiscalização:* é a verificação da compatibilidade do procedimento tributário com as normas do ordenamento jurídico, podendo ser aplicadas sanções no caso de ocorrência de ilícitos tributários; *extinção dos tributos:* é o desfazimento do vínculo entre o Fisco e o devedor do tributo, que pode ser feito por várias formas previstas em lei, como o pagamento;

– *indireto* – abrange, outrossim, todas as normas que, de forma indireta, possam explicar o conteúdo, o sentido, o alcance e os efeitos da instituição, arrecadação, fiscalização e extinção dos tributos, como, por exemplo, a execução fiscal. Tem por objeto a instituição, arrecadação e fiscalização de tributos: é o ramo que disciplina o nascimento, a vida e a extinção de dever jurídico de prestar o tributo;

d) *finalidade própria* – visa obter recursos financeiros. As verbas são necessárias para que o Estado consiga manter o bem comum e atender as necessidades da coletividade;

e) *vinculado* – com respeito aos princípios da tributação, o Estado, ao exigir os tributos, não pode cometer abusos;

f) *relação tributária* – nas relações entre o Fisco e as pessoas sujeitas a imposições tributárias de qualquer espécie, os vínculos tributários são formados entre o Estado e o sujeito passivo;

g) *direito obrigacional* – porque rege uma relação jurídica, de caráter transitório, estabelecida entre devedor e credor e cujo objeto consiste numa prestação pecuniária, devida pelo primeiro ao segundo, garantindo ao credor o adimplemento por meio do patrimônio do devedor;

h) *ex lege* – já que o poder do Estado de impor o pagamento de tributo ao sujeito passivo é regido por normas jurídicas.

A matéria tributária regulada na Constituição Federal é considerada pelos constitucionalistas[3] como *elemento orgânico*, pois diz respeito à estrutura do Estado e do seu poder.

As normas do direito tributário possuem as seguintes características:

---

[2] NUNES, Vidal Serrano. *Direito tributário comentado*. São Paulo: Angelotti, 1988. p. 18.
[3] SILVA, José Afonso da. *Curso de direito constitucional positivo*. 23. ed. São Paulo: Malheiros, 2005. p. 44.

a) são *cogentes,* pois não podem ser alteradas por vontade dos sujeitos da relação tributária, ou seja, pelo sujeito ativo, que possui o direito de cobrar tributo, e pelo sujeito passivo, que possui o dever de pagar tributo;

b) podem ser: b.1) *substantivas*, são aquelas que definem o tributo e seus aspectos; b.2) *formais*, são aquelas que estabelecem normas dos procedimentos a serem cumpridos no processo e julgamento dos tributos;

c) quando não inseridas no texto constitucional, são *normas materialmente constitucionais,* pois têm como conteúdo um dos aspectos fundamentais da estrutura do Estado, qual seja, o alcance do bem comum, já que precisa de recursos financeiros para obter, gerir e aplicar tais recursos.

O direito tributário é construído em torno da noção de tributo e das relações entre o Fisco e os contribuintes (sujeito passivo). Conforme acentua Luciano Amaro:[4] "(...) direito tributário é a disciplina jurídica dos tributos".

O seu alcance é limitado, de forma que abrange apenas *receitas derivadas*, ou seja, entradas de verbas, de forma coercitiva, fruto da imposição estatal lícita baseada na sua posição de supremacia, soberania ou autoridade.

O conteúdo científico do direito tributário abrange cinco aspectos, que dão lugar às seguintes disciplinas: *direito tributário material; direito administrativo tributário; direito tributário processual; direito tributário penal* e *direito tributário comparado.*

a) *Direito tributário material* – é um conjunto de normas que disciplinam a formulação da hipótese de incidência tributária; tem por objeto o estudo do tributo e seus aspectos (valor, credor, devedor, local, quando). Alguns autores denominam o direito tributário material de direito tributário objetivo.[5]

b) *Direito administrativo tributário* – é um conjunto de normas que regulam o procedimento administrativo em matéria tributária; normas que regulam o acesso do sujeito passivo à via administrativa.

---

[4] AMARO, Luciano. *Direito tributário brasileiro.* 9. ed. São Paulo: Saraiva, 2003. p. 2.
[5] ICHIHARA, Yoshiaki. *Direito tributário.* 7. ed. São Paulo: Atlas, 2000. p. 30.

c) *Direito tributário processual* – é um conjunto de normas que regulam o procedimento jurisdicional em matéria tributária; normas que regulam o acesso do sujeito passivo à via judicial. Quando falamos em acesso ao Judiciário, devemos lembrar que, no Brasil, não existe obrigatoriedade de esgotamento das vias administrativas, salvo Justiça Desportiva (art. 217, § 1º, da CF) e *habeas data* (Súm. nº 2 do STJ).

d) *Direito tributário penal* – é um conjunto de normas que disciplinam as infrações contra a ordem tributária.

e) *Direito tributário comparado* – tem por objeto de estudo as normas jurídico-tributárias dos vários países, com destaque das semelhanças e diferenças.

É importante ressaltar que o estudo do direito tributário *deve partir ou iniciar-se da Constituição Federal*, pois ela é a norma hierarquicamente superior a todas as demais e funciona como parâmetro a ser seguido na interpretação, aplicação e integração das normas jurídicas. Conforme observa José Eduardo Soares de Melo:[6] "(...) o direito tributário possui efetiva dignidade constitucional devido ao significativo, peculiar e minucioso tratamento que lhe foi conferido pelo constituinte (...)".

O conjunto de regras e princípios que regem tributação ou poder de tributar, previstos na Constituição Federal nos arts. 145 a 162, forma o sistema constitucional tributário, que abrange os princípios constitucionais, as imunidades tributárias e a repartição de receitas tributárias, competência tributária e aspectos gerais dos tributos em espécie.

1. Espécies de normas jurídicas

As normas jurídicas podem ser de duas espécies:

a) *princípios* – são as idéias centrais do sistema jurídico tributário;

b) *regras* – são as que estabelecem uma regra de comportamento ou de estrutura. Conforme observa Paulo de Barros Carvalho,[7] as regras de comportamento estão diretamente voltadas para a conduta das pessoas nas relações de intersubjetividade; as de estrutura dispõem sobre órgãos e procedimentos e estatuem de que modo as regras devem ser criadas, transformadas ou expulsas do sistema.

---

[6] MELO, José Eduardo Soares de. *Curso de direito tributário*. 6. ed. São Paulo: Dialética, 2005. p. 12.

[7] CARVALHO, Paulo de Barros. *Curso de direito tributário*. São Paulo: Saraiva, 1996. p. 89.

2. Critérios de distinção entre regra e princípios

Os critérios de distinção entre regra e princípios são:

a) *especificidade* – os princípios regulam várias situações; as regras regulam situações determinadas;

b) *determinação* – os princípios não geram direitos subjetivos; as regras geram direitos subjetivos;

c) *abstração* – os princípios possuem conteúdo vago; as regras, conteúdo preciso;

d) *normogenética* – os princípios são a fonte da norma;

e) *fundamentalidade* – os princípios possuem hierarquia superior, pelo seu papel estruturante;

f) *lógico* – o conflito entre regras é resolvido pelo critério cronológico, de especialidade ou hierárquico; já o conflito entre princípios é resolvido pelo critério de ponderação de interesses, prevalecendo o que for mais relevante para a sociedade (*mandados de otimização*).

3. Conceito de princípio

O conceito do princípio jurídico envolve várias diretrizes que, conjugadas, formam a essência do instituto.

Desta forma, o princípio:

a) é mandamento nuclear do sistema;

b) é o alicerce de um sistema;

c) define a lógica e a racionalidade do sistema;

d) dá tônica e harmonia para o sistema;

e) é a base do ordenamento jurídico;

f) são idéias fundamentais e informadoras da organização jurídica da nação;

g) são linhas mestras, grandes nortes, diretrizes magnas;

h) dá coerência geral ao sistema;

i) traça rumos a serem seguidos pela sociedade e pelo Estado;

j) dá estrutura e coesão ao sistema;

k) fortalece o respeito à Constituição e garante respeito a um bem da vida indispensável à essência do Estado democrático;

l) orienta, condiciona e ilumina a interpretação das normas jurídicas;

m) cumpre uma função informadora, devendo as diversas normas do ordenamento jurídico ser aplicadas em sintonia com os princípios;

n) são vetores para soluções interpretativas;

o) é idéia-matriz;

p) é norma qualificada (validade maior);

q) se for desrespeitado, causará a quebra de todo o sistema jurídico;

r) é direito positivo;

s) é fonte do direito;

t) é idéia-base de normas jurídicas;

u) é norte da atividade interpretativa e judicial.

4. Características dos princípios

a) *complementaridade* – os princípios devem ser interpretados de forma conjunta;

b) *normatividade jurídica* – os princípios têm qualidade de norma jurídica;

c) *natureza finalística* – os princípios representam um ideal a ser atingido;

d) *objetividade* – os princípios não têm conteúdo subjetivo ou aleatório; exprimem idéias de certeza e segurança;

e) *generalidade* – os princípios não regulam situações determinadas;

f) *transcendência* – os princípios expressam diretrizes normativas;

g) *vinculabilidade* – os princípios vinculam tanto o Poder Público, como também os particulares;

h) *poliformia* – os princípios são mutáveis de acordo com a evolução social;

i) *dimensão axiológica* – os princípios protegem valores que, ao longo do tempo, foram consagrados pela sociedade;

j) *informatividade* – os princípios possuem caráter de informar o sistema jurídico do país;

k) *primariedade jurídico-lógica* – os princípios funcionam como ponto de partida para a elaboração das normas jurídicas e servem para dar compatibilidade e congruência para as normas jurídicas;

l) *primariedade ideológica* – os princípios fixam idéias básicas da ordem jurídica, mantendo sincronia com as necessidades e idéias de um povo.

5. Princípio da noventena ou princípio da *vacatio legis* obrigatória ou da anterioridade mínima de 90 dias

a) *Origem* – foi introduzido com a Emenda Constitucional nº 42/2003 que, na verdade, ampliou o princípio da noventena das contribuições sociais, previsto no art. 195, § 6º, da CF.

b) *Fundamento* – o princípio foi criado para assegurar a segurança jurídica consubstanciada na certeza do direito (não-surpresa do contribuinte) e na proibição do arbítrio.

c) *Previsão constitucional* – art. 150, III, *c*, da CF.

d) *Significado* – não se pode cobrar o tributo antes de decorridos 90 dias da data em que haja sido publicada a lei que os instituiu ou aumentou, observada a regra da anterioridade.

e) *Exceções* – 1. empréstimo compulsório; 2. imposto de importação; 3. imposto de exportação; 4. imposto de renda; 5. IOF; 6. fixação da base de cálculo do IPVA e IPTU; 7. contribuições sociais.

f) *Diferença entre o art. 150, III,* c, *com o art. 195, § 6º, ambos da CF* – O princípio da noventena previsto no art. 195, § 6º, da CF, é aplicado somente às contribuições sociais.

A lei que instituir ou majorar uma contribuição social pode entrar em vigor no mesmo exercício financeiro em que foi publicada ou no seguinte, desde que se aguarde um prazo de 90 dias após sua publicação.

Já o princípio da noventena previsto no art. 150, III, *c*, da CF, é aplicado aos tributos em geral, exceto o: 1. empréstimo compulsório; 2. imposto de importação; 3. imposto de exportação; 4. imposto de renda; 5. IOF; 6. fixação da base de cálculo do IPVA e IPTU; 7. contribuições sociais.

A lei que instituir ou majorar um dos tributos incluídos no alcance da noventena somente pode entrar em vigor no exercício financeiro seguinte ao que a lei foi publicada, observando-se o prazo de 90 dias, quando for o caso.

g) *Relação da anterioridade com a noventena* – o princípio da noventena é um complemento do princípio da anterioridade tributária, de forma que podemos estabelecer as seguintes regras de aplicação conjunta dos dois princípios:

1. Tributos que não obedecem nem a noventena, nem o princípio da anterioridade tributária, formando a "lista do paga já": imposto de importação, imposto de exportação, IOF, imposto extraordinário e empréstimo compulsório no caso de calamidade e guerra;

2. Tributos que obedecem a anterioridade e não a noventena: imposto de renda e fixação da base de cálculo do IPTU e IPVA;

3. Tributo que não obedece a anterioridade e obedece a noventena: IPI;

4. Tributos que obedecem a anterioridade e a noventena: os demais que não sejam os citados nas regras anteriores [ICMS, ITR, ITCMD, IPTU/IPVA (não inclui as bases de cálculo), ISS, ITBI, CIDE, taxas]. Cabe ressalvar que, para estes, o sistema funciona da seguinte forma:

4.1 Tributos criados até o final do mês de setembro: entrarão em vigor em primeiro de janeiro do ano seguinte;

4.2 Tributos criados no último trimestre do ano (a partir de 2 de outubro): entrarão em vigor após 90 dias da publicação da lei que criou ou aumentou o tributo.

Exemplo: A criação do tributo foi no dia 11-3-2007 – sua cobrança somente pode ser feita a partir de 1º-1-2008; a criação do tributo foi no dia 25 de outubro – sua cobrança pode ser feita em 25-1-2008.

Para facilitar o entendimento das regras de relacionamento dos princípios da anterioridade tributária e da noventena, observar o seguinte quadro comparativo:

PRINCÍPIO DA NOVENTENA

Itens	Tipo de tributo	Anterioridade tributária	Noventena ou anterioridade mínima de 90 dias
Imposto de Importação	federal	não	não
Imposto de Exportação	federal	não	não
Imposto sobre Produtos Industrializados	federal	não	sim
Imposto sobre Operações Financeiras	federal	não	não
Imposto sobre Grandes Fortunas	federal	sim	sim
Imposto sobre Propriedade Territorial Rural	federal	sim	sim
Imposto sobre a Renda	federal	sim	não
ICMS	estadual/distrital	sim	sim
ITCMD	estadual/distrital	sim	sim
IPVA	estadual/distrital	sim	sim
IPTU	municipal/distrital	sim	sim
ITBI	municipal/distrital	sim	sim
ISS	municipal	sim	sim
Empréstimo Compulsório Ordinário	federal	sim	sim
Empréstimo Compulsório Extraordinário	federal	não	não
Imposto Extraordinário	federal	não	não
IMPOSTO residual	federal	sim	sim
CIDE sobre combustível	federal	não	sim
ICMS sobre combustível	estadual/distrital	não	sim
Contribuições Sociais	federal	não	não
CIDE	federal	sim	sim
Contribuições Profissionais	federal	sim	sim
Taxas	federal/estadual/distrital/municipal	sim	sim
Contribuição de Melhoria	federal/estadual/distrital/municipal	sim	sim

TEORIA GERAL DE DIREITO TRIBUTÁRIO SUBSTANTIVO

Argos Magno de Paula Gregório[1]

Quando anunciado qualquer debate que tenha como objeto a análise da teoria geral de direito tributário substantivo, não raro os espectadores, leitores ou mesmo curiosos pensam se tratar de mais uma inovação do mundo dos tributos; quiçá uma nova linha de pensamento que busque a redução da carga tributária ou coisa que o valha. Nestas oportunidades, como forma de acalento pessoal necessário perante o descrédito que, por vezes, passam as matérias elementares afetas ao direito tributário, fujo da realidade e acabo por mentalizar os preciosos livros de minha pequena biblioteca pessoal, como se estivesse lá "encapsulado". E só então me vejo sereno, imaginando-me cercado apenas dos mestres que lá habitam; os mesmos que me servem e servirão de companhia nas madrugadas que juntos passamos e certamente passaremos.

Posso afirmar que lá estão muitos que já se foram. Afirmo, também, que, em minha pequena biblioteca, insistem os mestres em me intrigar, ensinar, comigo discutir e duelar. Fazem sempre de minha juventude uma derrocada no que diz respeito à argumentação. Entretanto, encaro como verdadeira – e possível – derrota vitoriosa, vez que em troca são sempre generosos ao partilharem comigo o conhecimento perpétuo contido em suas obras. Para o meu deleite, troca mais que justa. Duelo mais que nobre. E tal nobreza tem sobrenome: Araújo Falcão, Ataliba, Becker, Gomes de Souza, Jarach, dentre tantos. Estes grandes foram assim enumerados apenas em atenção ao objeto destas

---

[1] Mestre em Direito Tributário pela Pontifícia Universidade Católica de São Paulo – PUC/SP. Professor de Direito Tributário na Universidade Presbiteriana Mackenzie, nos cursos de graduação e pós-graduação. Advogado.

linhas. Em companhia deles, tecerei algumas considerações sobre o tema anunciado.

Entende-se por teoria geral de direito tributário substantivo o estudo da obrigação jurídico-tributária, bem como das normas que definem os seus pressupostos. Seu objeto é a prestação do tributo e o cumprimento dos demais deveres advindos de tal relação, incluindo-se os provenientes de qualquer pagamento, mesmo quando considerado indevido. Em tempo – e não menos importante – lembro que tal obrigação nasce com a verificação do fato gerador e seus desdobres.

Este fato gerador é o mesmo outrora chamado de fato imponível pelo mestre Geraldo Ataliba, que assim definiu como sendo "um fato concreto, localizado no tempo e no espaço, sucedido efetivamente no universo fenomênico que, por corresponder rigorosamente à descrição prévia, hipoteticamente formulada pela hipótese de incidência, dá nascimento à obrigação tributária".[2]

Penso ser o fato imponível – ou fato jurídico tributário, como prefere Paulo de Barros Carvalho – fato jurídico[3] em sentido estrito, que, inegavelmente, constitui critério para aferição da capacidade contributiva do sujeito ao qual ele é atribuído, denunciando a sua capacidade econômica. E não estou só: Amílcar de Araújo Falcão, em sua clássica obra, afirma que "o aspecto do fato gerador que o legislador tributário considera para qualificá-lo é a sua idoneidade ou aptidão para servir de ponto de referência, de metro, de indicação por que se afira a capacidade contributiva ou econômica do sujeito passivo da obrigação tributária".[4]

Sua relevância não se limita à aferição da capacidade contributiva dos sujeitos. Ao revés, como já apontado, é o fato jurídico tributário que determina a obrigação tributária, conseqüência imediata de seu nascimento. É ele que fixa os termos da obrigação, seu valor e seu alcance. É ao fato jurídico tributário (em verdade, ao pressuposto do

---

[2] ATALIBA, Geraldo. *Hipótese de incidência tributária*. 5. ed. São Paulo: Malheiros.
[3] Reforce-se a idéia de ser o fato jurídico tributário um fato e não ato. Trata-se de fato que produz conseqüências necessárias, independendo os efeitos jurídicos dele decorrentes de vontade das partes, mas da força da lei. No mesmo sentido, as lições de Sampaio Dória, em seu festejado *Da lei tributária no tempo*, Obelisco, 1968.
[4] FALCÃO, Amílcar. *Fato gerador da obrigação tributária*. São Paulo: Revista dos Tribunais, 1971.

fato[5]) que a lei vincula o nascimento de qualquer relação tributária, vez que a mesma lei, *de per se*, não pode indicar dentro de seu ordenamento os devedores individuais do tributo, dele valendo-se para determinar o sujeito passivo e a prestação a que o mesmo está obrigado.[6] Inegável e obrigatório, portanto, o íntimo convívio entre o estudioso do direito tributário e o fato jurídico de mesma natureza.

Esta intimidade traduz-se pela demarcação e reconhecimento das características intrínsecas e extrínsecas ao fato jurídico tributário e seu direto relacionamento com a obrigação tributária – ponto a tornar concreto o fenômeno da tributação. Uma de suas características é, a meu ver, sua consistência econômica. Tenho para mim ser o fato imponível fato jurídico de consistência econômica, como já anunciado por Falcão.[7]

Nessa esteira, entendo ser a consistência econômica, quando relacionada com o fato imponível e o princípio da capacidade contributiva, matéria merecedora de destaque especial ante os demais elementos que da teoria geral do direito tributário substantivo fazem parte. Ademais, trata-se o fato jurídico tributário do pressuposto legitimador do tributo, vez que verdadeira exteriorização[8] do princípio da capacidade contributiva. Mais que relevantes os motivos para o pretendido destaque.

O princípio da capacidade contributiva foi veladamente trazido ao nosso direito pela Constituição Federal de 1824,[9] notadamente no § 15 do art. 179. Por inspiração de Baleeiro, passou a figurar expressamente no art. 202 da CF/1946 e perdura em nosso ordenamento até os dias atuais (Oxalá permita que o mesmo não desapareça em qualquer madrugada congressista), podendo hoje ser encontrado no § 1º do art. 145 de nosso texto constitucional vigente.

---

[5] Sobre o pressuposto do fato afirmou Sainz de Bujanda: "Cada pressuposto de fato serve de fundamento para um imposto distinto; e cada imposto só pode ter um pressuposto de fato". Texto encontrado em Análisis jurídico del hecho imponible. *Revista de Derecho Financiero y hacienda publica*, nº 60-61, 1965. Tradução livre.

[6] Discorre sobre o tema com mestria Hector Villegas, em seu: *Curso de finanzas, derecho financiero y tributário*. Buenos Aires: Depalma, 1994.

[7] FALCÃO, Amílcar. Op. cit.

[8] Ressalte-se que a exteriorização que aqui me refiro e adoto é exclusivamente aquela presente no princípio negocial (*Geschäftsprinzip*), deixando de lado o principio documental (*Urkunden*), por mera convicção pessoal.

[9] Assim dispunha o § 15 de seu art. 179: "Ninguém será isento de contribuir para as despesas do Estado em proporção a seus haveres".

Não sei se por efeito da anteaurora[10] ou mesmo convicção, afirmo ser o princípio da capacidade contributiva o verdadeiro desdobramento do princípio da igualdade (para alguns, isonomia), manifesta tradução do ideal de justiça distributiva, nas palavras de Bernardo Ribeiro de Moraes[11] (que neste instante invade minha mesa, diga-se de passagem).

Abro um parênteses: mesmo discordando da sua equivocada elevação[12] à condição de princípio geral de tributação pela Constituição Federal de 1988, acredito que seria impossível deixar de atribuir caráter jurídico a qualquer comando constitucional, lastreando-me pela sabedoria de Geraldo Ataliba.[13] E é sobre esta atribuição (notadamente o seu alcance e eficácia) que nascem divergências doutrinárias, quando aplicada à possibilidade ou proibição de tributação dos atos ilícitos.

Direto ao ponto. Postulo a tributação incidente sobre as atividades ilícitas, ainda que a ilicitude integre o fato jurídico tributário. Assim, também, entendem mestres do quilate de Giannini, Vanoni, Hensel (este o criador, juntamente com Otmar Bühler, do princípio do *non olet*), Jarach. Aqui, no Brasil, também não me encontro desamparado: Gomes de Souza, Ribeiro de Moraes, Souto Maior Borges, Falcão, Baleeiro.

Nesse sentido, atrevo-me a afirmar que o legislador goza da faculdade de assumir como fato gerador de um tributo o exercício de qual-

---

[10] A esta hora, a leitura da Carta Política me permite afirmar que não estou de todo errado, exceto por pessoalmente entender aplicável tal princípio a todas as espécies tributárias, não estando limitado aos impostos, como sugere a interpretação literal e rasa de tal dispositivo. Aproveito e rendo homenagens à *mens legis* ou *ratio legis* (como preferirem), privando os leitores de comentos adicionais ou divagações de arrebol.

[11] "O princípio da capacidade contributiva, pelo qual cada pessoa deve contribuir para as despesas da coletividade de acordo com a sua aptidão econômica, ou capacidade contributiva, origina-se do ideal de justiça distributiva". *Compêndio de direito tributário*. Rio de Janeiro: Forense, 1997.

[12] Lembremos do comentário feito em questão de ordem levantada pelo Professor José Afonso da Silva ao afirmar que: "A Constituição diz mal quando intitula de princípios gerais a seção 1 do capítulo I do título VII, referindo-se ao sistema tributário nacional". *Curso de direito constitucional positivo*. São Paulo: Malheiros, 2005.

[13] Em sua obra *Lei Complementar na Constituição*, Ataliba preconiza "Na pior das hipóteses, a disposição constitucional mais abstrata e vaga possui, no mínimo, a eficácia paralisante de todas as normas inferiores, se contrastantes com seu sentido, bem como determinadora de importantíssimas conseqüências na compreensão do contexto constitucional e de cada disposição que o intera, bem como determina relevantes conseqüências exegéticas, relativamente a todo sistema normativo (incluídas as leis ordinárias e normas inferiores)".

quer atividade produtiva de renda, sem que se assuma como elemento qualificador de tal atividade a sua licitude. Atreveu-se também Hensel ao defender a irrelevância da ilicitude ante a gênese da obrigação tributária.[14] Terceiro atrevido, Souto Maior Borges nos ensinou que "essa faculdade permite ao poder tributante se utilizar da lei fiscal como instrumento de política extrafiscal, desestimulando e reprimindo atividades socialmente condenadas".[15]

Adotando-se (e já o fiz linhas acima) o fato gerador da obrigação tributária como fato jurídico de relevância econômica, é coerente afirmar que "a lei fiscal tributa uma determinada situação econômica, pouco importando as circunstâncias jurídicas em que se tenha verificado". Palavras de Rubens Gomes de Souza que, juntamente com Bernardo, despede-se de minha frente e retorna à mais alta prateleira de minha *petit bibliothéque*.

Confesso que esta é uma das poucas matérias em que, com o devido acatamento, ouso discordar de Becker. O saudoso jurista dos pampas afirmou[16] categoricamente que "a norma tributária sempre trará em sua hipótese de incidência ato lícito, pois a ilicitude integrará hipótese de incidência das normas penais, sob pena de configurar-se uma contradição jurídica".

Minha ousadia – via reflexa – acaba por discordar de alguns de meus Professores (maiúscula proposital): Ricardo Lobo Torres, Mizabel Derzi, Sacha Calmon, Hugo de Brito; todos aqui presentes por meio de seus escritos. Todos eles, em suas palavras, defendem que a suposta ilicitude presente no fenômeno da subsunção do fato jurídico tributário à hipótese de incidência acaba por traduzir a sua nulidade no que diz respeito à tributação. Defendem, também, que o texto do art. 3º do CTN não deixaria dúvidas quanto à necessidade da licitude presente na hipótese tributária.

Entretanto, opino dizendo que o legislador brasileiro tomou por base a doutrina favorável à tributação de atividades ilícitas, ao exemplo

---

[14] "Inclusive o negócio jurídico, nulo por imoralidade, pode ser considerado como realização do fato imponível do imposto quando os interessados fazem valer entre eles as conseqüências econômicas". *Diritto tributario*. Milano: Giuffrè. Apud SANTIAGO, Myriam Passos. *Tributação do ilícito*. Belo Horizonte: Del Rey, 2005.
[15] MORAES, Bernardo Ribeiro de. Tributação das atividades ilícitas. In: ATALIBA, Geraldo. (Coord.).
[16] BECKER, Alfredo Augusto. *Teoria geral do direito tributário*. São Paulo: Saraiva, 1972.

de países como França, Itália, México, Espanha, Suíça, Portugal. A letra do art. 118 do CTN, notadamente em seu inc. I, corrobora o aqui alegado.[17] Por seu turno, a legislação do imposto de renda é taxativa quando admite, em seu art. 767, a tributação de rendimentos derivados de atividades ou transações ilícitas, ou percebidos com infração à lei, sem prejuízo das sanções que couberem.

Em arremate do exposto, lembro que nossa Corte Suprema[18] já reconheceu a irrelevância da origem ilícita de renda submetida à tributação, por intermédio do voto do Min. Sepúlveda Pertence, quando na relatoria do HC nº 77.530-4/RS, como oportunamente apontado pela talentosa Myriam Passos Santiago, anteriormente mencionada.

A acalorada discussão talvez tenha encontrado no direito português temperatura do agrado de todos. Por meio de sua Lei Geral Tributária, aprovada pelo Decreto-lei nº 398/1998, os portugueses ditaram, no art. 10, a letra da pacificação,[19] que aqui transcrevemos, *verbis:* "O carácter ilícito da obtenção de rendimentos ou da aquisição, titularidade ou transmissão dos bens não obsta à sua tributação quando esses actos preencham os pressupostos das normas de incidência aplicáveis".

Destes parcos parágrafos, vejo a necessidade de repetir o que já disse aqui em linhas passadas: são mais que necessários a demarcação e o reconhecimento das características intrínsecas e extrínsecas ao fato jurídico tributário e seu direto relacionamento com a obrigação tributária. Estou certo que esta análise, se dado o devido destaque à graduação da conexão da ilicitude com o fato imponível,[20] juntamente com o estudo apurado da tipologia de atividades ilícitas proposta por

---

[17] "Art. 118. A definição legal do fato gerador é interpretada abstraindo-se: I – da validade jurídica dos atos efetivamente praticados pelos contribuintes, responsáveis, ou terceiros, bem como da natureza do seu objeto ou dos seus efeitos; II – dos efeitos dos fatos efetivamente ocorridos."

[18] STF – 1ª T. – HC nº 77.530-4/RS. Colacionamos parte da decisão do Min. Sepúlveda Pertence, que assim dispôs: "A exoneração tributária dos resultados econômicos de fato criminoso – antes de ser corolário do princípio da moralidade – constitui violação do princípio de isonomia fiscal, de manifesta inspiração ética".

[19] A referida pacificação está acobertada por interesses econômicos. Estima-se um total de 884 casas de "alterne" em Portugal, representando um negócio de 2,5 bilhões de Euros anuais. A legalização da prostituição ou mesmo a tributação sobre tais atividades resultariam em incremento de mais de 684 milhões de Euros para os cofres portugueses.

[20] SANTIAGO, Myriam Passos. Op. cit., p. 140.

Tossi,[21] será o caminho para a resolução de interpretações conflituosas a serem aplicadas em casos concretos. Não nos cabe, neste instante, tal análise. Apenas a atribuição de trazê-la ao debate, missão que considero cumprida.

Como antevisto, o tema é controverso e sobre si próprio fomenta o exercício intelectual. Em uma realidade em que se apreendem milhões aos minutos, se descobrem milhares de atividades "lesa-pátria-cidadão" por ano, se desconsidera o chamado "direito posse" preconizado por Brandão Machado, assim como conceitos festejados presentes no vigente Código Civil (a exemplo da composição do patrimônio presente no art. 91 do novo Código (art. 57 do Código de Bevilaqua), é de mister que se aprofunde no tema, dando contorno aos seus debates, na busca da interpretação mais proveitosa à sociedade como um todo, e não vista sob os olhos de poucos privilegiados.

Isto posto, aqui meu relato: exatamente este era o espírito que impregnava – e certamente ainda impregna – aquele que conheci inicialmente como sendo o "tradutor do *Hecho imponible* de Jarach" e que, mais tarde, ao compreender e partilhar de muitas de suas inquietações, passei a ter o privilégio de chamá-lo de amigo Dejalma.

Minto. A formalidade típica dos advogados, ainda que entre amigos, obrigava-me a chamá-lo de Doutor Dejalma de Campos. Mesmo entre seus muitos amigos. Mesmo quando junto à sua inseparável Lucina. Mesmo em suas festas de aniversário, nos tradicionais encerramentos do Anual Congresso de nossa Academia. Mesmo quando ele se encontrava no chamego com sua "Nina" (os verdadeiros amigos sabem do que estou a retratar). Lá estava eu, chamando-o de Doutor Dejalma. E fazia com o carinho de um filho, e na mesma moeda vinha a retribuição. O Doutor deixa saudades a todos que tiveram o mesmo privilégio que tive: O convívio pessoal. Viva Dejalma!!!

Já se faz tarde – ou cedo – dependendo da ótica analisada. O sol parece insistir em renascer. Vejo-me apanhando meus amigos que ainda se encontram sobre minha mesa, sempre pacientes diante de meus questionamentos, por vezes banais e nada acadêmicos. Jarach é o primeiro da prateleira. Becker com a solidez de sua teoria geral, o último.

---

[21] TOSSI, L. La tassazione dei redditi da attivita delittuose. In: SANTIAGO, Myriam Passos. Op. cit., p. 139.

Insistem em habitar minha mesa Ataliba e Amílcar (quiçá estejam comentando as anotações feitas pelo primeiro, quando da atualização da segunda edição da obra do segundo, lançada antes mesmo de minha existência).

Cairei nos braços de Morfeu. Porém, não o farei antes de adicionar mais um especial nome ao rol da nobreza por mim anunciada anteriormente em sobrenomes: Dejalma de Campos, presente não só em minha biblioteca, como em minha memória. Lembrou-me sua inesquecível gargalhada. Hypnos já está ao meu lado, e me encontra feliz com essa lembrança.

FUNÇÕES DO TRIBUTO E TRIBUTAÇÃO DEMOCRÁTICA

Edison Carlos Fernandes[1]

Há dois conceitos legais de tributo no ordenamento jurídico brasileiro, que enfatizam a sua função fiscal ou arrecadatória. Contudo, atualmente, vem crescendo o entendimento e a aplicação do tributo também na sua função extrafiscal ou indutora, como forma de busca da justiça fiscal, da implementação prática da igualdade e da não-discriminação tributária e do reforço de instrumentos para a concretização da responsabilidade social dos cidadãos-contribuintes (tanto pessoas físicas como, e principalmente, pessoas jurídicas). Neste breve texto em homenagem ao professor Dejalma de Campos, pretende-se apresentar algumas razões para considerar o tributo na sua função indutora como perspectiva para uma tributação democrática.

1. Conceito legal e função fiscal do tributo

O estudo do tributo, como não poderia deixar de ser, surge na doutrina das ciências das finanças, ciência esta que tem por objeto as finanças públicas. Por sua vez, a análise das finanças públicas principia pela pesquisa e justificação das *despesas públicas*, imprescindíveis em qualquer organização estatal. Essas despesas públicas são dadas, muitas vezes, independentemente da interferência ou do desejo do governante de plantão. Isso ocorre porque a própria Constituição Federal já deter-

---

[1] Advogado. Mestre em Direito Político e Econômico pela Universidade Presbiteriana Mackenzie. Doutor em Direito das Relações Econômicas Internacionais pela Pontifícia Universidade Católica de São Paulo. Professor titular de Direito Tributário da Universidade Ibirapuera. Professor da Universidade Presbiteriana Mackenzie, do Centro de Estudos e Extensão Universitária e da Fundação Getúlio Vargas. Membro e professor da Associação Paulista de Estudos Tributários (APET).

mina, de maneira mandatória, diversas atribuições do Poder Público, das quais não se pode escapar. Além disso, a legislação financeira, no Brasil atual, também estabelece que o governante não pode interromper obras públicas iniciadas por seu antecessor, ao contrário, deve ele concluí-la, o que implica o reconhecimento de despesas públicas antes mesmo da sua posse. Finalmente, o próprio programa de governo, sustentáculo da campanha do governante eleito, quando cumprido, tem impacto nas despesas públicas.[2]

Tais despesas públicas são financiadas pelas *receitas públicas*. Estas receitas, por seu turno, são classificadas em originárias e derivadas. Pelas primeiras (receitas públicas originárias) devem-se entender as riquezas geradas pelo próprio Poder Público, em sua atuação direta ou indireta na economia. O Poder Público pode atuar na economia diretamente por meio da exploração dos bens (móveis ou imóveis) públicos, como no caso da concessão, mediante remuneração, de prédios ou espaços sobre os quais ele detém a titularidade (semelhante à cobrança de um aluguel pela utilização de espaços públicos). Por outro lado, a atuação estatal na economia pode se dar por meio de empresas públicas ou sociedades de economia mista, como é o caso, em nível federal, da Caixa Econômica Federal, da Empresa Brasileira de Correios e Telégrafos e da PETROBRAS entre outras. Em ambos os casos, a atuação estatal, direta ou indiretamente, produz recursos financeiros, que são apropriados pelo seu produtor, isto é, pelo Poder Público, para a manutenção das suas atribuições (que implicam despesas públicas).

Quanto à receita pública derivada, os respectivos recursos financeiros não são produzidos pelo próprio Poder Público, quer direta ou indiretamente; são, na verdade, produzidos por outros agentes econômicos, normalmente do setor privado (pessoas físicas e jurídicas), para depois terem parte das suas riquezas apropriadas por esse Poder Público. As receitas públicas derivadas financiam as despesas públicas de

---

[2] Dada a influência do programa de governo no tamanho das *despesas públicas*, exerce fortíssima influência na definição da política tributária a ideologia política do doutrinador: se mais liberal, tende-se à defesa de redução da carga tributária, haja vista a diminuição na demanda por despesas públicas; se mais estatizante, ao contrário, inflacionam-se os gastos do governo, sendo necessário, portanto, como se verá adiante, aumento na arrecadação tributária. Essa influência ideológica no estudo da tributação foi muito bem percebida pelo professor Dejalma de Campos.

duas maneiras: sem que haja circulação de dinheiro, que são as formas não-pecuniárias (por exemplo, convocação de membros da sociedade para o serviço eleitoral e para jurado popular no Tribunal do Júri[3]), e com circulação de dinheiro, que são as formas pecuniárias. Dentre as receitas públicas derivadas tem-se a multa[4] e, principalmente, o tributo. O tributo é, portanto, a principal fonte de recursos derivados do Poder Público.

Ciente dessa natureza do tributo, o legislador deixou claro ao conceituá-lo na Lei nº 4.320/1964 (que estatui normas de direito financeiro para elaboração e controle dos orçamentos e balanços da União, dos Estados, dos Municípios e do Distrito Federal), nestes termos:

"Art. 9º Tributo é a receita derivada, instituída pelas entidades de direito público, compreendendo os impostos, as taxas e contribuições, nos termos da Constituição e das leis vigentes em matéria financeira, destinando-se o seu produto ao custeio das atividades gerais ou específicas exercidas por essas entidades".

Em outras palavras, o dispositivo acima define tributo como *receita pública* ("instituída pelas entidades de direito público") *derivada, cujo produto da arrecadação destina-se a financiar as despesas públicas* ("custeio das atividades gerais ou específicas exercidas por essas entidades"). O tributo é, no âmbito do direito financeiro, receita pública derivada.

Também o Código Tributário Nacional (instituído pela Lei nº 5.172/1966 e recepcionado pelas Constituições Federais de 1967 e de 1988 como lei complementar) trouxe um conceito de tributo, no qual é, da mesma forma, destacada a sua função fiscal ou arrecadadora,

---

[3] Obviamente, a participação popular no processo eleitoral, como mesários nos dias de eleição, e no Tribunal do Júri não tem por razão última o financiamento das atribuições do Estado. Cada uma dessas convocações tem o seu fundamento específico – no primeiro caso, submeter a fiscalização dos pleitos eleitorais à própria comunidade e, no segundo, garantir que os membros da comunidade façam o julgamento de outro membro acusado de crime. De qualquer maneira, são dois exemplos de financiamento não-pecuniário de serviços públicos oferecidos à sociedade, até por mandamento constitucional.

[4] Também aqui, é conveniente que se esclareça: a aplicação da multa não serve, na sua essência, à arrecadação de recursos financeiros para suportar as despesas públicas. A multa destina-se a reprimir condutas ilegais – quer infrações administrativas, infrações penais ou crimes propriamente ditos. Ocorre que, uma vez que os infratores devem cumprir a sua pena, muitas vezes pagando multas em dinheiro, os valores arrecadados são destinados ao financiamento dos gastos públicos.

embora com uma diferença substancial: o cidadão-pagador do tributo, isto é, o contribuinte, é trazido como elemento no conceito do tributo. Assim dispõe o CTN:

"Art. 3º Tributo é toda prestação pecuniária compulsória, em moeda ou cujo valor nela se possa exprimir, que não constitua sanção de ato ilícito, instituída em lei e cobrada mediante ato administrativo plenamente vinculado".

Melhor explicando: tributo é *prestação pecuniária*, ou seja, relação jurídica obrigacional, entre a Administração Pública e o cidadão-contribuinte, cumprida por este último, que é o sujeito passivo da obrigação, por meio do pagamento em dinheiro (ou em direito ou em bem, passíveis de expressão em dinheiro). Do lado do Poder Público é uma *receita pecuniária*, porém, *que não constitui sanção por ato ilícito*, o que distingue o tributo da multa (outra receita pública pecuniária). Finalmente, ao trazer o contribuinte para o conceito de tributo, o CTN, neste mesmo conceito, estabelece algumas garantias ao sujeito passivo da obrigação tributária: o tributo deve ser instituído por lei (princípio da legalidade) e deve ser cobrado mediante ato administrativo vinculado, que é o lançamento (reforçando o princípio da igualdade).

Nos dois conceitos, como visto, privilegia-se a função fiscal do tributo, ou seja, a sua finalidade arrecadadora (ou arrecadatória). O tributo é *receita derivada*, é *prestação pecuniária*. Por essa função, os recursos financeiros arrecadados pelo Poder Público, por meio do tributo, são aplicados no financiamento das despesas públicas, resultante do cumprimento das suas atribuições. No entanto, essas atribuições públicas também podem ser atingidas quando o tributo é aplicado em sua outra função: a função extrafiscal ou regulatória, atualmente também conhecida como função indutora.

2. Função indutora (extrafiscal) do tributo

Chama-se *extrafiscal* a utilização do tributo não como, ou principalmente como, fonte arrecadadora de recursos públicos. Chama-se *regulatória* ou *indutora* a função do tributo que visa não, ou não principalmente, a apropriar riqueza dos agentes econômicos, mas a conduzir o comportamento desses mesmos agentes econômicos. A função extrafiscal, regulatória ou indutora do tributo se exerce por meio do estímulo a condutas desejadas ou ao desestímulo de condutas indesejadas por parte da coletividade ou alguns dos seus membros. Note-se que, nesta segunda vertente (*desestímulo*), não se trata de reprimir condutas ilícitas – tal repressão cabe à multa fazer. O tributo pode servir para reprimir condutas indesejadas, porém, legais.

Exemplo de desestímulo à conduta indesejada por meio do tributo é a progressividade do imposto sobre propriedade predial e territorial urbana (IPTU),[5] prevista no art. 182, § 4º, II, da CF, que assim determina:

Art. 182. [...]

[...]

§ 4º É facultado ao Poder Público municipal, mediante lei específica para área incluída no plano diretor, exigir, nos termos da lei federal, do proprietário do solo urbano não edificado, subutilizado ou não utilizado, que promova seu adequado aproveitamento, sob pena, sucessivamente, de:

[...]

II – imposto sobre a propriedade predial e territorial urbana progressivo no tempo".

Isso significa que a manutenção, pelo proprietário, de espaço localizado na zona urbana, de terreno baldio, embora não seja (ainda) uma conduta ilegal, passível de multa, é uma conduta indesejada, sujeita ao pagamento de imposto mais oneroso.

Por outro lado, como dito anteriormente, o tributo, na sua função indutora, pode ser utilizado para estimular condutas socialmente desejadas. Nesse sentido, exemplo significativo é a recente alteração promovida no art. 170, VI, da CF, cuja redação foi dada pela Emenda nº 42/2003, a saber:

"Art. 170. A ordem econômica, fundada na valorização do trabalho humano e na livre iniciativa, tem por fim assegurar a todos existência digna, conforme os ditames da justiça social, observados os seguintes princípios:

[...]

---

[5] Essa progressividade do IPTU advém desde o texto original da Constituição Federal de 1988, não tendo sua aplicação, hoje, questionada.

IV – defesa do meio ambiente, inclusive mediante o tratamento diferenciado conforme o impacto ambiental dos produtos e serviços e de seus processos de elaboração e prestação".

A nova redação do dispositivo acima garante a possibilidade de discriminação tributária – concessão de benefícios fiscais, bem como a majoração de tributo – no caso de defesa do meio ambiente. Com isso, poderia, eventualmente, uma lei tributária prever a utilização de créditos fiscais presumidos para as empresas que dessem aos seus resíduos destinação ambientalmente adequada. Haveria, portanto, um estímulo a uma conduta socialmente desejada, qual seja, a redução de lixo.

Outros mecanismos de incentivos a condutas desejadas ou que contribuam para o desenvolvimento de atribuições públicas são as imunidades das entidades assistenciais de impostos (art. 150, IV, *c*, da CF) e de contribuições sociais (art. 195, § 7º, da CF), bem como as lei de incentivo à cultura e ao esporte.

3. Função indutora do tributo e tributação democrática

Em poucas palavras, viu-se, até aqui, que o tributo é a receita pública derivada por excelência. Dessa forma, foi ele conceituado legalmente em duas oportunidades: na Lei nº 4.320/1964 e no Código Tributário Nacional. E, assim, reforça-se o caráter fiscal do tributo, isto é, a sua função primordial de arrecadar recursos pecuniários para o financiamento das atribuições do Poder Público. No entanto, esse mesmo tributo pode ser utilizado para reprimir conduta indesejada (reafirma-se: não se trata de reprimir conduta ilícita, pois essa repressão cabe à multa) ou para incentivar conduta desejada na sociedade. É essa a função extrafiscal, regulatória ou indutora do tributo. Resta conciliar a natureza do tributo como receita pública – como dito, por excelência – com a sua função indutora, especialmente no que diz respeito ao estímulo de condutas desejadas nos agentes econômicos que implicaria, em princípio, renúncia de recursos financeiros públicos.

Essa conciliação é de fácil entendimento: se, por um lado, o Poder Público deixa de arrecadar tributo, como forma de estimular determinada conduta na sociedade, de outro, quando a própria sociedade exerce essa conduta, estará, concomitantemente, liberando o Poder Público de atuar no mesmo sentido o que, por conseqüência, reduz as despesas públicas. Concretamente, pense-se na coleta seletiva de lixo: a coleta de lixo e a limpeza pública são atribuições do Poder Público que, para cumpri-las, necessita de recursos financeiros para suportar as respectivas despesas públicas (transporte do lixo, remuneração do pessoal envolvido, manutenção de espaços destinados a aterro sanitário etc.); quando a legislação tributária prevê a concessão de créditos fiscais para as pessoas físicas e jurídicas que venham a reciclar o seu lixo, ao mesmo tempo que reduz a arrecadação, retira do Poder Público diversas tarefas que lhe cabem; em decorrência, há uma redução na demanda por despesas públicas – como contrapartida à utilização do tributo na sua função indutora.

O mesmo acontece no caso das leis de incentivo à cultura e ao esporte.

E o aumento do tributo na sua função indutora pode tornar a tributação, no sentido de instrumento para financiar as atividades estatais, democrática. Isso porque os contribuintes terão a possibilidade de decidir qual tarefa pública financiar (defesa do meio ambiente, desenvolvimento da cultura, manutenção de atividades assistenciais) com parte da riqueza por eles gerada e que, inicialmente, seria apropriada pelo Poder Público por meio da arrecadação de tributos. Com a função indutora do tributo, transfere-se para a própria comunidade o controle dos recursos públicos e dos gastos públicos (pelo menos de maneira parcial). Ter-se-ia, então, os gastos e a arrecadação públicos em poder da população, significando a democratização das finanças públicas.

4. Homenagem ao professor Dejalma de Campos

Fica, aqui, nossa humilde homenagem ao jurista, professor (e, portanto, colega mackenzista) e incentivador do estudo do direito, não só tributário, mas público de uma maneira geral, especialmente pela iniciativa e pelas iniciativas da Academia Brasileira de Direito Tributário: *Dejalma de Campos*.

FUNDAMENTOS DA OBRIGAÇÃO TRIBUTÁRIA: ALGUMAS REFLEXÕES

Francisco Pedro Jucá[1]

1. Introdução

Vamos, aqui, fazer algumas reflexões acerca dos fundamentos jurídico-políticos da obrigação tributária. Não nos seus aspectos normativos, dimensão da sua formulação exterior e material, porém, indo a seus fundamentos justificadores mesmo.

É fato que muitas têm sido as reflexões, considerações e exames procedidos, todavia, temos a convicção de que esta contribuição, ainda que modesta e despretensiosa, até pelas circunstâncias, não se afigura excessiva, porque buscamos nela identificar nos fundamentos a intersecção com a política.

Com isto se quer perquirir a justificação essencial da imposição tributária e, conseqüentemente, os fundamentos da correspondente sujeição, completada, assim, a bipolaridade atributiva da relação jurídica.

O ponto de partida é o questionamento do Estado como instituição essencial à organização social estável e evolutiva, seus objetivos e finalidade, necessidades da contribuição de todos para a manutenção do sistema.

Tal abordagem nos leva, necessariamente ao exame da cidadania no contexto democrático, que implica, a seu turno, a participação

---

[1] Professor na Faculdade de Direito da Universidade Presbiteriana Mackenzie. Juiz do Trabalho, substituto, da 2ª Região (SP). Doutor em Direito do Estado pela USP e em Direito das Relações Sociais pela PUC-SP. Pós-Doutorando na Universidade de Salamanca, da Academia Paulista de Letras Jurídicas, Academia Paulista de Magistrados e da Sociedade Hispano-brasileira de Direito Comparado.

necessária no processo político e na apropriação das vantagens e benefícios advindos da organização jurídico-política que o Estado vem a ser.

Nesta linha de raciocínio, temos sempre o Estado como instrumento permanente de atendimento das necessidades da sociedade e dos indivíduos, obviamente dentro do contexto dos limites de possibilidade.

É no intuito de compreender estas relações, que se entende necessárias, que desenvolvemos este breve estudo, que pretende, mais do que tudo, provocar a discussão e a reflexão de todos, especialmente pela sua natureza cidadã.

2. O Estado

Christopher W. Morris[2] observa que uma das formas de justificação do Estado é "proporcionar razões ao povo para respeitar e apoiar suas leis". Isto nos leva, obrigatoriamente, a considerar as instituições governamentais, acerca das quais o autor canadense observa que parte das tarefas da teoria das instituições políticas consiste na determinação das tarefas de governo, examinando sua estruturação de maneira que façam o que a sociedade pretende que seja feito, e, também, impeça os abusos do poder, o que envolve capacitá-las e fornecer meios para desempenhar estes encargos. Esta é a chave que utilizamos.

O que "queremos que seja feito", a determinação das escolhas, opções e decisões políticas e objetivos gerais e permanentes da sociedade, invariavelmente direcionados ao que se entende como "bem comum", é uma decisão política fundamental, tanto para a organização do Estado, como das instituições governamentais.

Interessa-nos, especialmente, neste estudo, *o fornecimento dos meios para execução das tarefas atribuídas*, todavia, temos que as duas dimensões são indissociáveis e interdependentes.

É pois da essência do Estado Democrático a participação de todos pelos mecanismos constitucionais construídos no processo decisório, legitimando, assim, que todos, pelos mesmos mecanismos, suportem a responsabilidade pelas tarefas inerentes às decisões tomadas, o que in-

---

[2] *Um ensaio sobre o Estado Moderno.* São Paulo: Landy, 2005. p. 163/407.

clui, necessariamente, a contribuição para o fornecimento dos recursos necessários para tanto.

Para a obtenção destes recursos financeiros, na economia monetarizada da sociedade pós-industrial em que vivemos com todos os seus contrastes e contradições, o Estado, por intermédio do governo, realiza a atividade financeira para obter e acumular recursos destinados a financiar o atendimento das necessidades públicas que, a seu turno, significa, fixados os encargos e tarefas, produzir os recursos necessários a desenvolvê-los. Não se perca, aqui, a visão oportuna e interessante de Luiz Emygdio F. da Rosa Jr.[3] de que: "A atividade financeira do Estado deve ser examinada nos períodos clássico e moderno das finanças públicas, para que se possa sentir o desenvolvimento que sofreu em razão principalmente da evolução do conceito de Estado e das mutações ocorridas no mundo econômico e social".

O Estado e seu aparato, necessário à existência, funcionamento e justificação, demandam de recursos, como já se referiu antes, para o que observa Ricardo Lobo Torres:[4] "Os fins e os objetivos políticos e econômicos do Estado só podem ser financiados pelos ingressos na receita pública. A arrecadação dos tributos – impostos, taxas, contribuições e empréstimos compulsórios – constituem o principal item da receita".

Temos fixado, já, aqui, alguns pontos fundamentais do que se pretende examinar.

Retomando ao fixar atribuições, com o conteúdo democrático e de cidadania, no processo decisório, temos como indispensável a participação da sociedade por mecanismos constitucionais, o que vai deitar suas raízes na consciência social, na vontade subjacente no corpo social, como acentua Alfredo Augusto Becker:[5] "O Estado toma conhecimento do finalismo próprio, por intermédio da consciência social. A sociedade é essencialmente um fenômeno de natureza espiritual; seu aparecimento está subordinado à existência de um estado de consciência que permite distinguir a sociedade de aglomeração puramente instintiva de indivíduos".

---

[3] *Manual de direito financeiro e direito tributário.* Rio de Janeiro: Renovar, 2006. p. 2.
[4] *Curso de direito financeiro e tributário.* Rio de Janeiro: Renovar, 2006. p. 3.
[5] *Teoria geral do direito tributário.* São Paulo: Noeses, 2007. p. 207-208.

A sociedade, ao longo do seu processo evolutivo e da sua marcha histórica, vai identificando necessidades, objetivos, problematizando situações e circunstâncias, construindo soluções e, na busca destes, toma as decisões políticas.

Tanto para a formação das decisões políticas, como para a instrumentação destinada a executá-las, vale-se do direito que, como diz Sacha Calmon Navarro Coêlho:[6] "(...) é a mais eficaz técnica de organização social e de planificação de comportamentos humanos", e, mais adiante, pontua: "Braço normativo do poder político, o direito-sistema, entretanto, não é impermeável às reivindicações da justiça e da igualdade que se formam à sua volta e deixa-se penetrar, ao longo do devir histórico, por estes ideais. Neste sentido, costuma-se dizer que o direito é a estrada, não sem barreiras, por onde transitam os anseios e as determinações da justiça e da igualdade".

Assim, temos que perpassar pelas categorias da democracia e da cidadania, esta como a integral participação no processo decisório e posterior apropriação de vantagens, no contexto de inclusão do indivíduo e grupos no processo da vida em sociedade, que fixam os objetivos e tarefas e suportam o encargo de suprir de recursos as estruturas e instituições correspondentes.

3. Responsabilidade pelos encargos

Fixada a decisão, todos os cidadãos são responsáveis, de diversas formas, pela execução e concretização dela. Portanto, estabelecido o que pretende a sociedade, encarregam-se as instituições governamentais e seus aparatos de realizá-los ou persegui-los, e, ao mesmo tempo e por isso mesmo, todos se obrigam a prover os recursos necessários para tanto. Para esta obtenção, o Estado exerce o que podemos entender seja a face interna da soberania, porque para dentro, sobre a sociedade nacional e os indivíduos que a compõem, e, como ensina Hugo Brito Machado:[7] "No exercício de sua soberania o Estado exige que os indivíduos lhe forneçam os recursos que necessita. Institui o tributo. O poder de tributar nada mais é do que um aspecto da

---

[6] *Curso de direito tributário brasileiro*. Rio de Janeiro: Forense, 2006. p. 3.
[7] *Curso de direito tributário*. São Paulo: Malheiros, 2007. p. 59.

soberania estatal, ou uma parcela desta.", prosseguindo: "Nos dias atuais, entretanto, já não é razoável admitir-se a relação tributária como relação de poder, e por isto mesmo devem ser rechaçadas as teses autoritaristas. A idéia de liberdade, que preside nos dias atuais a própria concepção de Estado, há de estar presente, sempre, nas relações de tributação. Justifica-se o poder de tributar conforme a concepção que se adote do próprio Estado. A idéia mais generalizada parece ser a de que os indivíduos, por seus representantes, consentem na instituição do tributo, como de resto na elaboração de todas as regras jurídicas que regem a nação".

Aqui temos, mais uma vez, a retomada à referência inicial. A ação da vontade geral.

Para que a entendamos, ainda que muito rapidamente, o pressuposto do Estado de Direito é o de que o direito venha a ser expressão da vontade geral, da mesma forma, o encargo de suportar o fornecimento de recursos, a sujeição ao poder de tributar também derivam da vontade geral, da aceitação legitimadora do Poder Político, no contexto da democracia, como o propusemos.

Não é sem razão que Luciano Amaro[8] dilucida que: "Tributar (de *tribuere*, dividir por tribos, repartir, distribuir, atribuir) mantém ainda hoje o sentido designativo de ação estatal; o Estado tributa. O tributo (*tributum*) seria resultado desta ação estatal, indicando o ônus distribuído entre os súditos. Como o súdito paga o tributo para o Estado, o verbo passou a designar também a ação de pagar tributo, dizendo-se tributário, contributário ou contribuinte aquele que paga o tributo ou que contribui".

Como esperamos ter demonstrado até agora, há relação necessária e de essência entre as decisões políticas democraticamente adotadas e os fundamentos da obrigação de contribuir para a execução destas decisões.

Presentes hão de estar, obrigatoriamente, os conteúdos de democracia, liberdade e não autoritarismo estatal, em homenagem à cidadania.

Aqui já é possível obter-se algumas conclusões.

---

[8] *Curso de direito tributário brasileiro*. São Paulo: Saraiva, 2007. p. 16.

4. Conclusões

A base do Estado Democrático de Direito tem sua sede na cidadania, entendida como a participação dos indivíduos nas decisões, benefícios e, também, nas responsabilidades, encargos e ônus daí advindos.

Dessa forma, buscar as raízes fundantes da obrigação tributária, que materializa o dever de participar contribuindo com o custeio das atividades estatais e do próprio Estado, significa encontrar a correspondente participação no processo decisório, ocasionando o desencontro, negação da própria natureza atribuída ao Estado.

Temos, pois, que, neste enfoque, a chamada carga tributária, como o volume global dos impostos suportados pelo cidadão, e o modo de cobrança destes impostos, necessariamente, devem se submeter ao fundamento da democracia e da responsabilidade social, de todos e cada um.

Tais observações nos sugerem algumas questões, claramente em aberto, e que se oferece à discussão e reflexão, como proposto ao início.

A fixação dos objetivos, finalidades, atividades, e a execução delas, precisa ser discutida, debatida e decidida em consonância com a vontade geral; cabe à sociedade decidir, de maneira transparente, republicana e democrática, ficando desde logo claro quais ônus, encargos e restrições inerentes às decisões tomadas.

Ora bem, os projetos, programas e propostas de governo hão de ser discutidos na sua formulação e, também, na sua execução, nas instâncias e foros constitucionalmente estabelecidos.

É imperioso manter o equilíbrio entre o que se projeta, de maneira clara e transparente, e o custo real e efetivo disso, que deverá ser suportado por todos.

A repartição desse custo há de ser equânime, distribuída proporcionalmente à disponibilidade de riqueza de cada qual e, obrigatoriamente, compatível com a capacidade não apenas de contribuir, mas, respeitada a capacidade de acumular riqueza, como fato inerente à natureza do processo evolutivo da sociedade.

Tais observações nos levam ao conteúdo de princípio de justiça tributária, que não se pode compadecer de excessos, seja na cobrança, seja na sua forma de fazê-lo; inadmissível resvalar, como vemos, para o autoritarismo burocrático, quase-kafkiano, que mantém o cidadão como eterno "suspeito" e o fisco como Javert redivivo, em busca do culpado.

A justiça também significa que a fixação dos objetivos e tarefas há de ser compatível com a capacidade de suportar o encargo, impondo a indispensável dose de realismo.

Negar ou rejeitar estes parâmetros é estímulo à sonegação, evasão e mesmo, de certa forma, à desobediência civil, porque governar é prestar contas, e deter o poder é, sobretudo, assumir responsabilidade perante a sociedade.

Entendermos estes pontos relevantes para submetê-los à reflexão é contribuição modesta, adstrita aos limites do trabalho proposto e suas finalidades, que têm como norte maior a homenagem merecida, sincera, grata e saudosa à figura perene e singular de Dejalma de Campos, que certamente, em outra dimensão, nos continuará a oferecer a amizade.

USO ABUSIVO DE EMENDAS À CONSTITUIÇÃO

Heitor Regina[1]

1. Introdução

As normas jurídicas não são imutáveis, renovando-se de acordo com as modificações e exigências do contexto social.

As Constituições, frutos do *poder constituinte originário* e que presidem a ordem e o ordenamento jurídicos, são editadas quando nasce uma nova nação e, na vida das nações, internamente, quando venha a ocorrer a ruptura da sua ordem jurídica e institucional, que se dá quer por um processo revolucionário popular (de baixo para cima), quer por meio de um golpe de Estado (de cima para baixo). Rompida a ordem existente, outra tem que ser imediatamente estabelecida.

O Estado brasileiro nasceu, de fato, com o golpe da *Proclamação da Independência*, em 7-9-1822 e, de direito, por meio da sua primeira Constituição, denominada Constituição Política do Império, datada de 25-3-1824, outorgada e jurada por Sua Majestade o Imperador Dom Pedro Primeiro.

A partir do golpe da *Proclamação da República*, em 15-11-1889, o Estado brasileiro foi regido pelas Constituições de 24-2-1891, 16-7-1934, 10-11-1937, 18-9-1946, 24-1-1967, EC nº 1, de 17-10-1969 e 5-10-1988, esta vigente e emendada 59 vezes (seis emendas de revisão e 53 emendas constitucionais), até julho de 2007.

---

[1] Mestre em Direito Econômico pela Universidade de São Paulo. Professor Titular de Direito Tributário na PUC-Campinas. Professor Titular de Direito Tributário e de Direito Constitucional na UNISAL. Advogado.

O estudo da *estabilidade* ou da *alterabilidade* das Constituições classifica-as em *imutáveis* e *mutáveis*, afirmando a doutrina, via de regra, a inexistência de Constituições *imutáveis* e, quanto à regra geral da *mutabilidade*, exercida pelo *poder constituinte derivado*, esta pode ser classificada em Constituições *rígidas* (quando exigem processo diferenciado e mais exigente para a sua modificação) ou *flexíveis* (quando a sua modificação pode ocorrer por processo idêntico ao processo legislativo ordinário).

A nossa Carta Imperial de 1824 é sempre mencionada como uma Constituição *semi-rígida* ou *semiflexível*, por assim ter disposto o seu art. 178: "É só constitucional o que diz respeito aos limites e atribuições respectivas dos Poderes Políticos, e aos direitos políticos e individuais dos cidadãos; tudo o que não é constitucional pode ser alterado, sem as formalidades referidas, pelas Legislaturas ordinárias". Ela não continha restrição formal e material em relação às emendas (cláusulas pétreas).

Todas as Constituições brasileiras subseqüentes são definidas como *mutáveis rígidas*, por estabelecerem processo diferenciado e mais exigente para a sua alterabilidade, ao mesmo tempo que não admitiram mutação em relação aos *princípios republicano e federativo* (cláusulas pétreas), cabendo exclusivamente ao Congresso Nacional o exercício do *poder constituinte derivado ou reformador* (em caráter permanente).

A Constituição Federal vigente, de 5-10-1988, da República Federativa do Brasil, ampliou tanto o âmbito das chamadas *cláusulas pétreas*, no § 4º do seu art. 60, que a classificação quanto à estabilidade ou alterabilidade passou a ser: *imutáveis, mutáveis e mistas*. A atual Constituição tem parte *mutável* e parte *imutável petrificada*, ambas significativas, razão pela qual ela pode ser classificada como *mista*.

De acordo com o § 4º do art. 60: "Não será objeto de deliberação a proposta de emenda tendente a abolir: I – a forma federativa de Estado; II – o voto direto, secreto, universal e periódico; III – a separação dos Poderes e IV – os direitos e garantias individuais".

Observa-se que o *princípio republicano* foi excluído desse elenco tendo em vista o *plebiscito* a cargo do eleitorado e a ser realizado, como foi, tendo por objeto, inclusive, a *forma de governo* (república ou monarquia constitucional), art. 2º do ADCT. Mas nunca deixou de ser considerado *cláusula pétrea*, tanto que pode ocorrer *intervenção federal* nos Estados para, dentre outros fundamentos, "assegurar a observância dos seguintes princípios constitucionais: forma republicana, sistema representativo e regime democrático" (art. 34, VII, *a*).

Quanto aos *direitos e garantias individuais*, a expressão alcança não só o elenco do art. 5º, com 78 incisos, o do art. 7º, com 34 incisos, dos direitos sociais, como, também, todos os demais princípios expressos em todo o corpo da Constituição e ainda: "Outros decorrentes do regime e dos princípios por ela adotados, ou dos tratados internacionais em que a República Federativa do Brasil seja parte" (§ 2º do art. 5º), ou seja, todos os princípios, *explícitos e implícitos*.

Tudo isso é cláusula pétrea, demonstrando o quanto da Constituição é *imutável*, ou *super-rígida* segundo alguns autores, por determinação da geração 1988 e alcançando todas as gerações futuras. E quanto ao restante da Constituição, compreendendo a parte *mutável*, o sistema é *rígido*, como disciplinado pelo art. 60 e parágrafos, modificável por meio de *emendas*, no sentido do pensamento do ilustre Miguel Reale.[2]

2. O poder reformador da CF/1988

2.1 Revisão constitucional

Ampliando o *Poder Reformador*, a Constituição atual determinou a realização de uma *revisão constitucional* após cinco anos da sua vigência, como previsto no art. 3º do ADCT, em sessão unicameral e pelo voto da maioria absoluta dos membros do Congresso Nacional. Discutiu-se, na ocasião, o alcance dessa revisão, se extensão do poder constituinte *originário* e, portanto, ilimitada e ampla, ou poder constituinte *derivado*, neste caso, sujeito aos limites das *cláusulas pétreas*. Embora a *revisão*, no amplo sentido do termo, estivesse prevista e disciplinada no ADCT, e as cláusulas pétreas relativas às *emendas*, na parte permanente da Constituição, tratando-se, pois, de situações e institutos distintos e com disciplinas distintas, contra o entendimento do autor prevaleceu a segunda hipótese, limitativa. Assim, realizada, de forma frustrante e desviada da sua finalidade global, a *revisão*, que

---

[2] REALE, Miguel. Pressupostos teóricos da emenda constitucional. In: MARTINS, Ives Gandra da Silva (Coord.). *Direito contemporâneo:* estudos em homenagem a Oscar Dias Corrêa/Antonio Celso Alves Pereira [et al.]. Rio de Janeiro: Forense Universitária, 2001. p. 231-236.

deveria rever a Constituição inteira, produziu tão-somente seis emendas pontuais, chamadas Emendas de Revisão (n°s 1 a 6, a primeira de 1º-3-1994 e as demais de 7-6-1994), figura esta criada na ocasião, mas não prevista no texto constitucional.

Exceto, pois, essa única *revisão*, já ocorrida e superada, o único *Poder Reformador* formal previsível e possível efetiva-se por meio das *emendas à Constituição*, que se constituem no exercício permanente do *poder constituinte derivado* a cargo do Congresso Nacional, com suas regras e limitações (art. 60 e parágrafos).

2.2 Emendas constitucionais

Portanto, enquanto uma *lei* é alterável ou revogável por outra *lei* do mesmo nível ou superior (ambas iniciando-se por meio de projeto de lei e sujeitas à sanção e promulgação, ou veto, do chefe do Poder Executivo), a Constituição é alterável por meio de *emendas* (que se iniciam por meio de projetos de Emendas à Constituição e são promulgadas pelas Mesas das duas Casas do Congresso Nacional).

A *CF/1824*, monárquica, ao disciplinar a matéria, prescrevia que as propostas vencedoras para a mudança ou adição à Lei Fundamental seriam *juntadas* a ela e solenemente promulgadas (art. 177).

A primeira *Constituição republicana, de 1891*, prescrevia, em seu art. 90, § 3º, que a proposta aprovada e promulgada *incorporar-se-ia* à Constituição como parte integrante dela.

A *CF/1934*, que previa sua alteração, quer por meio de emenda, quer por meio de *revisão*, nas hipóteses previstas em seu art. 178, preceituava, no § 3º, que a *revisão* seria incorporada e a *emenda anexada* com o respectivo número de ordem ao texto constitucional (o Decreto Legislativo nº 6, de 18-12-1935, promulgou as Emendas à Constituição Federal n°s 1, 2 e 3).

E a *CF/1946*, que admitia *emendas* em seu art. 217, estabelecia, no § 4º, que elas seriam *anexadas*, com o respectivo número de ordem, ao texto da Constituição. As demais Constituições, inclusive a atual, não se pronunciam a este respeito.

Como se vê, as *emendas* são *juntadas, incorporadas* e/ou *anexadas*, com o respectivo número de ordem, ao texto da Constituição, como partes integrantes dela, inexistindo uniformidade quanto à técnica de sua elaboração e quanto à sua integração ou incorporação ao texto da Constituição. Não há norma expressa a respeito, nem mesmo na Lei Complementar nº 95/1998.

3. Constituição paralela não petrificada

As *emendas*, como regra, modificativas, aditivas ou supressivas, são pontuais e tiram, acrescentam ou revogam expressamente dispositivo ou dispositivos do texto da Constituição; constitui uma exceção a EC nº 12, de 17-10-1978, relativa à Constituição anterior que, em artigo único, assegurou genericamente aos deficientes a melhoria de sua condição social e econômica, sem nenhuma referência ao texto constitucional.

Além dessa sua natureza pontual, as emendas têm sido utilizadas casuisticamente como instrumentos de disciplina, superação ou contorno de crises político-institucionais excepcionais, bem como para o atendimento de outras políticas ou interesses dos entes da federação, como demonstram os seguintes exemplos:

1. Com a renúncia do Presidente Jânio Quadros e para garantir a posse do então Vice-Presidente João B. Goulart, a estratégia foi a implantação do *parlamentarismo* por meio da EC nº 4, de 2-9-1961, revogada, por força do resultado de plebiscito, pela EC nº 6, de 23-1-1963, retornando o *presidencialismo*.

2. A novidade da outorga de um texto integral, a EC nº 1, de 17-10-1969, à Constituição de 1967, hoje considerada a sétima Constituição brasileira.

3. O conhecido *Pacote de Abril de 77*, quando o então Presidente da República, Gal. Ernesto Geisel, com fundamento no Ato Institucional nº 5, de 13-12-1968, e tendo em vista a decretação do recesso parlamentar pelo Ato Complementar nº 102, de 1º-4-1977, outorgou as EC nº 7, de 13-4-1977, e nº 8, de 14-4-1977, de grande repercussão e conseqüências, como a argüição de relevância da questão federal (hoje, repercussão geral, § 3º, art. 102 – EC nº 45/2004) e a natureza jurídica das *contribuições*.

4. Em relação à Constituição vigente, para atender aos interesses dos Estados-membros quanto à implantação do sistema de *substituição tributária* para a frente, cuja constitucionalidade estava pen-

dente no Poder Judiciário, foi promulgada a EC nº 3, de 17-3-1993, tratando inclusive desse assunto e criando o esdrúxulo *fato gerador presumido* (§ 7º do art. 150).

5. Também em relação à Constituição vigente, agora para atender aos interesses dos Municípios, que vinham cobrando *taxa de iluminação pública,* matéria que o Poder Judiciário passara a decidir majoritariamente tratar-se de atividade ligada à segurança, fazendo parte da atividade geral que deve ser custeada com recursos arrecadados pelos impostos, foi promulgada a EC nº 39, de 19-12-2002, que, dentre outros assuntos, acrescentou o art. 149-A à Constituição, atribuindo poderes aos Municípios e ao Distrito Federal para instituírem *contribuição* para o custeio do serviço de iluminação pública, facultada a cobrança na fatura de consumo de energia elétrica (parágrafo único).

Contudo, duas situações estão a merecer, pela sua relevância, destaque e consideração especiais.

3.1 Prolongamento do Ato das Disposições Constitucionais Transitórias

A *primeira* delas diz respeito ao incompreensível e inadmissível permanente prolongamento do Ato das Disposições Constitucionais Transitórias (ADCT), que deve cuidar de situações jurídicas que exigem imediatas normas reguladoras, mas sobre assuntos e matérias que tendem a desaparecer com rapidez, que José Afonso da Silva chama de "essa *coisa* inusitada de emendar disposições transitórias ou de acrescentar outras".[3]

Ensina o Prof. Kildare Gonçalves Carvalho:[4]

"São transitórias as disposições que possuem um caráter de pouca duração e tendem a desaparecer pelo próprio decurso do tempo ou pela consumação do fato. Relacionam-se com o direito intertemporal, vinculadas que se acham aos efeitos da lei no tempo, sua retroatividade e imediata aplicação. De fato, como se sabe, o direito intertemporal tem como objetivo facilitar a passagem de uma lei para outra e, como fundamento determinar o regime jurídico aplicável às denominadas situações jurídi-

---

[3] SILVA, José Afonso da. *Comentário contextual à Constituição.* São Paulo: Malheiros, 2005. p. 892.
[4] CARVALHO, Kildare Gonçalves. *Técnica legislativa.* 3ª ed. Belo Horizonte: Del Rey, 2003. p. 68-69.

cas pendentes, isto é, as situações nascidas sob a legislação revogada, mas que permanecem com a entrada em vigor da nova lei".

Quando da promulgação da Constituição em 5-10-1988, o ADCT, disciplinador da transição de situações jurídicas então existentes, do direito anterior para o novo ordenamento constitucional, tinha 70 *artigos,* numerados de 1 a 70. Posterior e atualmente, por força de *emendas à Constituição,* foram adicionados mais 24 *novos artigos,* chegando-se ao de nº 94, que não devem ser, como não são, situações transitórias em 5-10-1988!

Por exemplo:

1. Para o estabelecimento do plano econômico denominado *Plano Real,* a administração federal superior, dada a necessidade de alterações constitucionais referentes às transferências financeiras intergovernamentais e ciente de que não alcançaria sucesso no parlamento com as exigências e requisitos de processo legislativo das emendas constitucionais, aproveitou-se do *processo revisional* para proceder às modificações necessárias em um turno e *quorum* facilitado, surgindo, em conseqüência, a Emenda Constitucional de Revisão nº 1, de 1º-3-1994, depois alterada pela EC nº 10, de 4-3-1996, e EC nº 17, de 22-11-1997, incluindo os arts. 71, 72 e 73 do ADCT, que instituíram o Fundo Social de Emergência, denominação alterada para Fundo de Estabilização Fiscal, aproveitando ainda para revogar o § 4º do art. 2º da EC nº 3/1993 sobre o IPMF.

2. Até *matéria tributária* foi alcançada por essa inovação constitucional, ou seja, primeiro, por meio da EC nº 3/1993, art. 2º, instituindo, com vigência até 31-12-1994, o IPMF (imposto sobre movimentação ou transmissão de valores e de créditos e direitos de natureza financeira) sem remissão ao texto da Constituição e, depois, pela *instituição da CPMF* (contribuição provisória sobre movimentação ou transmissão de valores e de créditos e direitos de natureza financeira), por meio da EC nº 12, de 15-8-1996, prorrogada pela EC nº 21, de 18-3-1999, pela EC nº 37, de 12-6-2002, e pela EC nº 42, de 19-12-2003, materializadas pela inclusão dos arts. 74, 75, 84, 85 e 90 ao ADCT, válida, tal contribuição, até 31-12-2007 e cuja nova prorrogação já se dá como certa, sabendo-se que a mudança da denominação inicial de *imposto* para *contribuição,* mantida a mesma configuração da

espécie jurídica, deu-se apenas para que a União ficasse com o produto total da sua arrecadação, sem distribuição aos Estados.

Temos, pois, a partir daí, *dois sistemas tributários distintos:* um, disciplinado nos arts. 145 a 162 e regrado por *normas gerais e especiais*, condizentes com os tributos ali previstos e que é o *sistema tributário constitucional permanente;* e outro, disciplinado nos arts. 74, 75, 84, 85 e 90 do ADCT, e que é o *sistema tributário constitucional excepcional, provisório,* regrado, dada a sua natureza não permanente e não prevista nos capítulos do sistema tributário nacional da parte fixa da Constituição, por *normas excepcionais e especiais,* de interpretação e aplicação também *especiais e inconfundíveis,* conforme dispõe a Lei de Introdução ao Código Civil.[5]

3.2 Ementas das Emendas

A *segunda situação* a merecer especial consideração é a extensão da utilização, nas *ementas* das *emendas,* da expressão infelizmente usual na legislação ordinária, *"e dá outras providências",* incluindo no corpo das *emendas* outras matérias que não as pontualmente referidas, tratadas autonomamente.

Ementa é sumário, resumo de uma lei. A redação da *ementa* deve ser concisa, precisa nos seus termos, clara e real, assim preceituando o art. 5º da Lei Complementar nº 95, de 26-2-1998: "A ementa será grafada por meio de caracteres que a realcem e explicitará, de modo conciso e sob a forma de título, o objeto da lei".

O Manual de Redação da Presidência da República[6] diz que *"ementa* é a parte do ato que sintetiza o conteúdo da lei, a fim de permitir, de modo imediato, o conhecimento da matéria legislada. A síntese contida na *ementa* deve resumir o tema central ou a finalidade principal da lei; evite-se, portanto, mencionar apenas um tópico genérico da lei acompanhado do clichê e dá outras providências".

Ao criticar a inclusão dessa expressão genérica e indefinida relativa àquilo que considera "referência aos assuntos complementares, não

---

[5] REGINA, Heitor. CPMF, a utilização de informações pela Administração Fazendária e a retroatividade: a demonstração do óbvio. *Revista Dialética de Direito Tributário,* nº 102, São Paulo, Dialética, p. 86-84, 2004.

[6] BRASIL. Presidência da República. *Manual de redação da Presidência da República.* 2ª ed. rev. e atual. 1991. Disponível em: <htt://www.planalto.gov.br>. Acesso em: mar. 2007.

fundamentais da lei", pondera o Prof. Kildare Gonçalves Carvalho:[7] "Assinale-se que a *ementa* sintetiza em poucas palavras o essencial das normas de conteúdo normativo, apresentando-se este homogêneo e completo, facilitará a elaboração de uma boa *ementa*, mas, ao contrário, se desordenado e incompleto dificultará ou chegará até mesmo a impossibilitar a redação da *ementa*; não há uma boa *ementa* para um mau conteúdo".

Imagine-se a gravidade da situação na medida em que esse costume legislativo está sendo transposto também para matéria constitucional por meio de sua utilização nas *emendas*, avolumando significativamente a presença de *artigos próprios e autônomos*, dispondo sobre matéria(s) não prevista(s) na Constituição ou prevista(s), mas desacompanhada(s) de expressa remissão a artigos dela, como constam, exemplificadamente, nas EC nº 19, de 4-6-1998, nº 20, de 15-12-1998, nº 32, de 11-9-2001, nº 41, de 19-12-2003, nº 42, de 19-12-2003, nº 44, de 30-6-2004, nº 45, de 8-12-2004, e nº 47, de 5-7-2005 (algumas *emendas* contêm dispositivos próprios sem que suas *ementas* utilizem a expressão, como, por exemplo, a referida EC nº 3/1993).[8]

O resultado, além da insegurança jurídica, é a existência de muitas disposições de eficácia constitucional que não integram o texto da Constituição, encontrando-se tão-somente como normas autônomas e próprias, nos textos das *emendas*, algumas delas passíveis de regulação infraconstitucional e outras referidas ou revogadas por emenda(s) subseqüente(s), como, por exemplo, a EC nº 41, de 19-12-2003, que revogou os arts. 8º e 10 da EC nº 20, de 15-12-1998, e a EC nº 47, de 5-7-2005, que, além de revogar o parágrafo único do art. 6º da EC nº 41, referido (art. 5º), retroagiu à data de vigência da mesma EC nº 41 (art. 6º). A EC nº 53, de 19-12-2006, cuja *ementa* esclarece que seu conteúdo é alterar vários artigos da parte *permanente* da Constituição e o art. 60 do ADCT, sem referência à aludida e criticada expressão genérica, peceitua, em seu art. 3º, sobre os fundos à educação: "Esta Emenda Constitucional entra em vigor na data da sua publicação, mantidos os efeitos do art. 60 do Ato das Disposições Constitucio-

---

[7] CARVALHO, Kildare Gonçalves. Op. cit., p. 53.
[8] GARCIA, Maria. A Constituição desconstituída: as emendas e o cânone constitucional. *Revista de Direito Constitucional e Internacional*, ano 8, nº 33, São Paulo, RT, p. 33-79, out.-dez. 2000.

nais Transitórias, conforme estabelecido pela Emenda Constitucional nº 14, de 12 de setembro de 1996, até o início da vigência dos Fundos, nos termos desta Emenda Constitucional".

Ao conjunto dessas disposições que permanecem nos textos das emendas constitucionais é o que chamamos *constituição paralela e não petrificada*!

A situação tende a agravar-se na medida em que, por força do teor do § 3º do art. 5º da CF/88, acrescentado pela EC nº 45/2004, venha doravante o Congresso Nacional, pelas suas duas Casas, a aprovar tratados e convenções internacionais sobre direitos humanos no *rito alternativo novo* (em dois turnos em cada Casa, por três quintos dos votos dos respectivos membros), hipóteses em que tais atos serão equivalentes às emendas constitucionais. Serão, seguramente, novos e extensos *apêndices* ou *adendos constitucionais*, já que o inteiro teor dos tratados internacionais não integrarão o texto da Constituição, não obstante, nestes casos, sejam *normas de eficácia constitucional*. Se os tratados em questão forem aprovados pelo *rito normal de maioria em turno único* (alternativa), terão então eficácia de lei ordinária, segundo entendimento do E. STF.

4. Medidas provisórias permanentes

Essa *legislação constitucional paralela*, expressa por meio de *apêndices* ou *adendos* constitucionais, chegou inclusive a inovar o ordenamento jurídico brasileiro no que diz respeito à disciplina das *medidas provisórias*.

O art. 62 da CF/1988, em sua redação original, era bastante sintético, com um único parágrafo. A sua aplicação redundou no maior caos legislativo da história do País, com as reedições mensais em profusão, muitas sendo reeditadas 20, 30, 40, 50, 60 vezes, e até mesmo 70, concomitantemente com as novas, não obstante os requisitos de urgência e relevância!

Era inadiável – e chegou com atraso – nova disciplina, ocorrida por meio da EC nº 32, de 11-9-2001, que é a redação atual do aludido artigo, hoje com 12 parágrafos.

No momento da promulgação da EC nº 32 (que foi adiada alguns dias para que o Sr. Presidente da República editasse as últimas sob a disciplina anterior), o Congresso Nacional tinha, pendentes de apreciação, algumas dezenas de medidas provisórias envolvendo os mais diversos assuntos. Não tendo condições de examiná-las e não querendo aprová-las ou rejeitá-las em bloco, o Congresso Nacional encontrou um caminho diferente, expresso num *apêndice* constitucional, o art. 2º da EC nº 32/2001, do seguinte teor: "As medidas provisórias editadas em data anterior à da publicação desta emenda continuam em vigor até que medida provisória ulterior as revogue explicitamente ou até deliberação definitiva do Congresso Nacional". Para esta disposição integrar o texto da Constituição, a técnica legislativa recomenda transformá-la no § 13 do artigo ou incluí-la, pela praxe nascente e dada sua natureza, como mais um artigo no ADCT.

Passamos, em conseqüência, a ter em nosso ordenamento jurídico *medidas provisórias por prazo indeterminado*, figura não prevista no texto constitucional. Como nem o Sr. Presidente da República, nem o Congresso Nacional estão preocupados com as medidas anteriores e, pelo contrário, estão atolados com as novas, o saldo desse *estoque*, objeto da disciplina do art. 2º da EC nº 32/2001 (54 medidas), transformou-se em *medidas provisórias permanentes*, até hoje produzindo efeitos jurídicos e integrando o ordenamento nacional e sob o título de *medidas provisórias!*[9]

E o Congresso Nacional, conforme noticiários, já está estudando redisciplinar esse instrumento legislativo excepcional, muito provavelmente mantendo a regra do art. 2º da EC nº 32/2001. É a oportunidade para a sociedade, que deu exemplo positivo de reação à MP nº 232/2004, desenvolver forte campanha em favor dessa nova disciplina, para vedar a sua utilização em matéria tributária, especialmente instituição ou majoração de impostos.

É necessário definir os pressupostos da emenda constitucional, disciplinar e uniformizar a técnica de sua elaboração, evitando-se o seu uso abusivo, na defesa do princípio maior da segurança jurídica, quer no nível constitucional, quer aprimorando, a respeito, a Lei Complementar nº 95, de 26-2-1998, e alterações posteriores, e o Decreto nº 4.176, de 28-3-2002, que as regulamenta, que dispõem sobre a elabo-

---

[9] FERRAZ, Anna Cândida da Cunha. Medidas Provisórias e segurança jurídica: a inconstitucionalidade do art. 2º da EC 32/2001. *Revista de Direito Constitucional e Internacional*, ano 14, nº 54, São Paulo, RT, p. 7-27, jan.-mar. 2006.

ração, redação, alteração e consolidação das leis, por força do disposto no parágrafo único do art. 59 da CF/1988.

Observa-se que a CF/1988 é a campeã absoluta em volume de modificações e, pois, do uso abusivo de *emendas,* geralmente pontuais e casuísticas, algumas declaradas inconstitucionais pelo E. STF, comprometendo a sua finalidade, unidade e harmonia e demonstrando a fragilidade da consciência nacional e da clássica teoria constitucional.

5. Conclusão

Quanto à sua *extensão,* as Constituições classificam-se em *sintéticas* ou *analíticas.* A nossa atual é bastante extensa, analítica, prolixa e repetitiva, a exigir constantes e intermináveis modificações; quanto mais sintéticas e principiológicas, as Constituições tendem a ser mais estáveis.

Poucas são as vozes que proclamam a possibilidade de superação das cláusulas pétreas, ainda sem grande ressonância.[10]

Entendo que o ideal seria a elaboração de uma nova Constituição sem o rompimento da ordem jurídica, portanto, como resultado de um grande *pacto social,* como ocorreu na passagem do regime militar para a redemocratização do País e que redundou na atual Constituição.

Naquela ocasião, foi promulgada a EC nº 26, de 27-11-1985 (relativa ao texto anterior, a EC nº 1/69), convocando a *Assembléia Nacional Constituinte,* livre, soberana e unicameral, com a incumbência de elaborar e promulgar a nova Constituição.

Aparentemente, ocorreu uma inversão de valores, ou seja, o *poder constituinte derivado* convocou o *poder constituinte originário,* que só a força do *pacto social,* que presidiu a Nação, sobrepujou e legitimou, constituindo, como resultado objetivo, o atual *Estado Democrático de Direito.*

Algo parecido já acontecera com o término do Estado Novo e a queda do ditador Getúlio Vargas, e a redemocratização do País. Ao assumir interinamente a Presidência da República, o então Presidente do Supremo Tribunal Federal, José Linhares, usando a atribuição conferida pelo art. 180 da CF/1937, *decretou* as Leis Constitucionais nº

---

[10] FRANCISCO, José Carlos. *Emendas Constitucionais e limites flexíveis.* Rio de Janeiro: Forense, 2003.

Uso abusivo de emendas à Constituição

13, de 12-11-1945, e nº 15, de 26-11-1945, dispondo sobre os poderes constituintes do Parlamento a ser eleito e os poderes da Assembléia Constituinte e do Presidente da República. E o resultado foi a promulgação da democrática *Constituição dos Estados Unidos do Brasil, de 18 de setembro de 1946*.

Com tais precedentes, um novo e efetivo *pacto social*, traduzindo o princípio maior de que todo o poder emana do *povo*, pode ser expresso convocando-se nova Assembléia Nacional Constituinte para oferecer à nação um texto arejado, equilibrado e que corresponda às aspirações da gente brasileira.

Hoje, a sociedade e suas instituições, aturdidas e estarrecidas com a onda de violência e de criminalidade cruéis que a todos envolve, estão cuidando e preocupadas com a redução da idade da impunidade penal, falando-se em reforma constitucional e mesmo em nova Assembléia Nacional Constituinte, o que denota clima favorável à inclusão de outras matérias.

Aspecto relevante a ser considerado diz respeito à composição da *Assembléia Nacional Constituinte*. Quando da última, que elaborou a atual Constituição Federal, a OAB e a CNBB defenderam a ANC *autêntica*, ou seja, integrada somente por constituintes, com a única função de redigir a nova Constituição. Prevaleceu, contudo, a ANC *congressual*, ou seja, integrada pelos Deputados Federais e pelos Senadores, cumulando com as suas funções legislativas.

Óbvio que o poder político não permitirá uma ANC para praticar o ato político por excelência à sua revelia.

Resta-nos então propor, para uma próxima e eventual, que ela seja *mista*, ou seja, parte integrada por constituintes exclusivos (não políticos) e parte por políticos, dando, assim, condições para que todos os assuntos de interesse da nação possam ser levantados, discutidos e decididos, consolidando o Estado Democrático de Direito, o que uma ANC *congressual*, naturalmente limitada inclusive por interesses políticos, não permite.

CONSTITUIÇÃO E DIREITO TRIBUTÁRIO

Hélcio de Abreu Dallari Júnior[1]

Ao ser convidado para participar desta homenagem ao Prof. Dejalma de Campos, veio imediatamente à minha memória a ocasião de nosso primeiro contato pessoal, ocorrido em um curso de pós-graduação.

Naquela época, eu era um aluno que buscava mais conhecimentos, mais informações jurídicas, que pudessem complementar os ensinamentos obtidos nos bancos da graduação.

Por sua vez, o Prof. Dejalma era um renomado mestre, portador de extensa sabedoria, preocupado em garantir a melhor formação a todos os seus alunos.

E assim nos conhecemos.

Lembro-me, ainda, de suas aulas, de suas palavras sobre a grande importância dos princípios e das normas constitucionais para o direito tributário. Suas lições ficaram e ficarão gravadas em mim para todo o sempre.

Assim, o mestre cumpriu sua missão.

Diante de seus importantes ensinamentos, pareceu-me propício tratar aqui das bases da Constituição Federal vigente para o direito tributário.

Primeiramente, devemos ter em mente que o Estado brasileiro é uma federação formada pela união indissolúvel de Estados, Municípios e Distrito Federal. Junto a isso, estamos identificados como um

---

[1] Professor universitário da Faculdade de Direito da Universidade Presbiteriana Mackenzie. Especialista em Direito Constitucional pela Escola Superior de Direito Constitucional. Mestre em Direito do Estado pela Faculdade de Direito da Universidade de São Paulo. Advogado.

Estado Democrático de Direito. Tais fundamentos aparecem definidos logo no art. 1º da CF/1988, ensejando em si a idéia de partilha de competências relacionadas aos entes federados, conforme a vontade popular democraticamente retratada no texto constitucional e em todo ordenamento jurídico.

O texto constitucional reforça esta idéia, quando da definição da organização político-administrativa do Estado brasileiro, prevista no *caput* do art. 18, afirma que esta se dá por meio da União, dos Estados-membros, dos Municípios e do Distrito Federal, autônomos entre si, consoante os termos da própria Constituição Federal.

Desta forma, princípios basilares do Estado federal brasileiro começam a ficar expostos. Apresentamos vários entes federados, cada qual gozando de autonomia político-administrativa para se auto-organizar e dar fluência ao seu respectivo governo. No desenvolvimento político-administrativo de cada ente, devemos levar em consideração as discriminações de competência ditadas pelo texto constitucional.

Fazem parte da autonomia dos entes federados a capacidade para tratarem livremente da estruturação e organização de suas respectivas administrações, fundamentadas na Constituição Federal de 1988, especificamente no princípio constitucional da separação de Poderes – Legislativo, Executivo e Judiciário (art. 2º), no princípio republicano – que assegura funcionamento e estabilidade ao ideal democrático da representatividade do povo, norteada pela eletividade periódica, por mandatos devidamente determinados e pela responsabilidade político-administrativa (arts. 1º e 14), na repartição de competências dos entes federados – União (arts. 21 a 24), Estados (arts. 23 a 26), Municípios (arts. 23, e 29 a 31) e Distrito Federal (arts. 24 e 32), no princípio da organização do sistema tributário nacional (arts. 145 a 162) – com princípios gerais (arts. 145 a 149) e competências tributárias bem estabelecidas para a União (arts. 153 e 154), para os Estados e o Distrito Federal (art. 155), e para os Municípios (art. 156), além do tratamento dos limites do poder de tributar (arts. 150 a 152) e da repartição das receitas tributárias (arts. 157 a 162).

Na abordagem constitucional, diante desta ordem político-administrativa do Estado federal brasileiro, fica demarcado o sistema tributário nacional, no qual cada ente federado apresenta suas competências tributárias respectivas.

Cada ente federado tem competência limitada para legislar identificando seus tributos, bem como para preceituar o modo pela qual tais tributos serão executados. Tão importante quanto prever na legislação a existência de um tributo é prever como este tributo deverá ser aplicado na prática.

O que precisa estar aclarado é que o texto constitucional federal não elenca tributos a serem firmados por cada membro da nossa federação. O referido texto concede a eles a faculdade legal para legislarem sobre a criação e execução de seus próprios tributos.

Neste contexto, a competência tributária tem características básicas. São elas: privatividade, que assegura exclusividade ao ente federado em relação aos seus tributos; indelegabilidade, que impossibilita os entes federados de transferirem suas competências para tributar; incaducabilidade, em que o não exercício tributário não caduca o direito de cobrá-lo; inalterabilidade, que preserva a origem constitucional da competência tributária atribuída a cada ente; irrenunciabilidade, posto que os entes federados não podem abrir mão de sua competência sem favor de outros entes, renunciando aos seus tributos; e facultatividade, referente à liberdade que cada ente tem para utilizar ou não suas respectivas capacidades tributárias.

E, com base na Constituição Federal de 1988, podemos ressaltar diversos princípios jurídicos afetos ao campo tributário, todos igualmente relevantes.

Como ponto elementar, encontramos a firmeza do Estado de Direito (art. 1º), que fundamenta a segurança de toda sociedade na aplicação das normas jurídicas, buscando promover a preservação do adequado convívio social.

Para tanto, deve ser considerada a importância do princípio da igualdade, tratando os iguais com igualdade e os desiguais com desigualdade, conforme cada situação jurídica (arts. 5º, I, 150, II).

Seja somado a ele o princípio da legalidade (arts. 5º, II, e 150, I), que estabelece a necessidade da existência da lei para a configuração das situações jurídicas passíveis de direitos e deveres.

Outros princípios importantes vêm a ser o da preservação do direito adquirido, o do ato jurídico perfeito e o da coisa julgada (art. 5º, XXXVI), bem como o da irretroatividade (arts. 5º, XL, e 150, III, *a*), que protegem a sociedade de eventuais mudanças no ordenamento jurídico, mudanças essas que poderiam gerar uma grande instabilidade do direito devidamente firmado e já aplicado.

Como base de maior segurança jurídica, constitucionalizaram-se também os princípios da ampla defesa e do devido processo legal (art. 5º, LV), que garantem a utilização abrangente de meios capazes de resguardar direitos, contando com uma seqüência lógica de procedimentos legalmente ordenados.

Ainda com referência ao texto constitucional, apresenta igual importância o princípio da propriedade, devidamente estabelecido por meio de regras claras, seja pela garantia do seu direito (art. 5º, XXII), seja pela respeitabilidade de sua função social (art. 5º, XXIII), seja pela aplicação do mecanismo da desapropriação por necessidade ou utilidade pública, ou interesse social (art. 5º, XXIV).

A importância do trabalho e de sua livre iniciativa aparece registrada na Constituição Federal em diversos momentos. Primeiramente, seus valores sociais são destacados como fundamentos do Estado brasileiro (art. 1º, IV). Em seguida, a garantia do livre exercício de trabalho, ofício ou profissão é destacada como um direito fundamental (art. 5º, XIII). Depois, fica nítida sua relevância como alicerce à ordem econômica (art. 170) e à ordem social (art. 193).

E, mais diretamente, existem outros aspectos ligados à tributação e ao orçamento.

A Constituição Federal estabelece os tributos admitidos aos entes federados, quais sejam, impostos, taxas e contribuição de melhoria (art. 145, I, II e III). Ademais, deve ser observada a anterioridade, que veda a cobrança de tributos no mesmo exercício financeiro da publicação da lei que os instituiu ou aumentou (art. 150, III, *b*). Também é proibida a instituição de tributo com efeito de confisco (art. 150, IV).

Por fim, no Ato das Disposições Constitucionais Transitórias (ADCT), que trata da adequação e preservação de situações jurídicas previstas no ordenamento constitucional anterior, temos mandamentos específicos voltados ao sistema tributário nacional. Cabem alguns destaques.

O *caput* do art. 34 do ADCT apresenta a identificação de situação de *vacatio constitutionis*, ao dizer: "O sistema tributário nacional entrará em vigor a partir do primeiro dia do quinto mês seguinte ao da promulgação da Constituição, mantido, até então, o da Constituição de 1967, com a redação dada pela Emenda nº 1, de 1969, e pelas posteriores". Todavia, seu § 1º delimita mais acertadamente a aplicação deste mandamento, quando afirma que: "Entrarão em vigor com a promulgação da Constituição os arts. 148, 149, 150, 154, I, 156, III, e 159, I, *c*, revogadas as disposições em contrário da Constituição de 1967 e das Emendas que a modificaram, especialmente de seu art. 25, III".

O art. 34 do ADCT, em seu § 3º, reitera a tributação no enfoque federativo. Uma vez promulgada a Constituição Federal, cada um dos entes federados passou a ter a possibilidade de editar leis necessárias ao funcionamento do sistema tributário nacional. E, no parágrafo seguinte, está afirmado que tais leis somente produzirão efeitos depois da entrada em vigência do sistema tributário nacional.

O § 5º do art. 34 do ADCT trata da aplicação da legislação existente antes da promulgação da Constituição Federal de 1988. Seu sentido é de assegurar a aplicação da legislação anterior, no que não for incompatível com o novo sistema tributário nacional.

O § 7º do mesmo art. 34 estabelece que as alíquotas máximas permitidas para imposto municipal sobre vendas a varejo de combustíveis líquidos e gasosos não excederão três por cento, até que lei complementar trate desta questão.

Com base nos pontos aqui expostos, podemos perceber a crucial essência constitucional do direito tributário. Aliás, nem poderia ser diferente, uma vez que a Constituição Federal alicerça todo ordenamento jurídico.

A idéia de fundamento constitucional é obviamente importante para o funcionamento do direito tributário. Mas, mais do que isso, insere o direito tributário num contexto mais amplo. Como o que ocorre com outras áreas do direito, esta base é a que garante a interatividade do direito tributário com aspectos sociais, políticos e econômicos.

O devido cuidado com as definições e funcionalidades da questão tributária deve servir para o desenvolvimento dos direitos ligados à ordem social. A correta aplicação do direito tributário é ferramenta destacada para justiça social.

Na visão política, o direito tributário reafirma as distintas competências associadas aos componentes do nosso Estado federativo. Cada ente tem a sua importância específica no campo tributário. As autonomias previstas para cada ente objetivam não só o desenvolvimento de suas respectivas esferas de atuação, mas principalmente de todo um desenvolvimento nacional.

Por sua vez, no enfoque econômico, o direito tributário tem decisivo papel no estabelecimento de uma ordem no desenrolar dos valores a serem arrecadados pelo Poder Público, para subseqüente retorno em benefício da própria sociedade.

Em síntese, o direito tributário deve ser sempre estudado e analisado para uma melhor materialização dos interesses da nossa sociedade e da ciência do direito.

Ao final da presente análise, em muito baseada nos ensinamentos do mestre Dejalma de Campos, retomo minhas memórias pessoais em relação a ele.

Recordo minha satisfação pessoal ao reencontrá-lo anos depois, agora como colegas de docência.

Recordo de sua receptividade e alegria sempre presentes em nossas conversas havidas na sala dos professores.

Recordo e recordarei sempre do mestre, de seus sábios ensinamentos e da falta que ele faz.

Assim, o mestre deixou sua saudade.

LIMITES GLOBAL E PARCIAL DE DESPESAS COM PESSOAL DO SERVIÇO PÚBLICO NA LEI DE RESPONSABILIDADE FISCAL E NA CONSTITUIÇÃO DO ESTADO DE SERGIPE

Ives Gandra da Silva Martins[1]

Duas considerações preambulares fazem-se necessárias antes de examinar a questão específica dos limites com as despesas de pessoal da Lei de Responsabilidade Fiscal.

De início, é de se lembrar que a lei de responsabilidade fiscal tem sua origem no art. 169 da CF, cuja inteira dicção é a seguinte:

"Art. 169. *A despesa com pessoal ativo e inativo da União, dos Estados, do Distrito Federal e dos Municípios não poderá exceder os limites estabelecidos em lei complementar.*

§ 1º A concessão de qualquer vantagem ou aumento de remuneração, a criação de cargos, empregos e funções ou alteração de estrutura de carreiras, bem como a admissão ou contratação de pessoal, a qualquer título, pelos órgãos e entidades da administração direta ou indireta, inclusive fundações instituídas e mantidas pelo poder público, só poderão ser feitas: (Renumerado do parágrafo único, pela EC nº 19/1998.)

I – se houver prévia dotação orçamentária suficiente para atender às projeções de despesa de pessoal e aos acréscimos dela decorrentes; (Incluído pela EC nº 19/1998.)

---

[1] Professor Emérito nas Universidades Mackenzie.

II – se houver autorização específica na lei de diretrizes orçamentárias, ressalvadas as empresas públicas e as sociedades de economia mista. (Incluído pela EC nº 19/1998.)[2]

§ 2º Decorrido o prazo estabelecido na lei complementar referida neste artigo para a adaptação aos parâmetros ali previstos, serão imediatamente suspensos todos os repasses de verbas federais ou estaduais aos Estados, ao Distrito Federal e aos Municípios que não observarem os referidos limites. (Incluído pela EC nº 19/1998.)

§ 3º Para o cumprimento dos limites estabelecidos com base neste artigo, durante o prazo fixado na lei complementar referida no *caput*, a União, os Estados, o Distrito Federal e os Municípios adotarão as seguintes providências: (Incluído pela EC nº 19/1998.)

I – redução em pelo menos 20% (vinte por cento) das despesas com cargos em comissão e funções de confiança; (Incluído pela EC nº 19/1998.)

II – exoneração dos servidores não estáveis. (Incluído pela EC nº 19/1998.)

§ 4º Se as medidas adotadas com base no parágrafo anterior não forem suficientes para assegurar o cumprimento da determinação da lei complementar referida neste artigo, o servidor estável poderá perder o cargo, desde que ato normativo motivado de cada um dos Poderes especifique a atividade funcional, o órgão ou unidade administrativa objeto da redução de pessoal. (Incluído pela EC nº 19/1998.)

§ 5º O servidor que perder o cargo na forma do parágrafo anterior fará jus a indenização correspondente a um mês de remuneração por ano de serviço. (Incluído pela EC nº 19/1998.)

§ 6º O cargo objeto da redução prevista nos parágrafos anteriores será considerado extinto, vedada a criação de cargo, emprego ou fun-

---

[2] Escrevi sobre o referido inc. I: "Todos os aumentos de despesas em relação ao pessoal, a que faz menção o § 1º do art. 169, poderão, todavia, ser realizados se houver prévia e suficiente dotação orçamentária para atender às projeções de dispêndios, assim como aos acréscimos delas decorrentes.
A garantia constitucional, a ser parametrada em lei complementar, à evidência, não exclui a possibilidade de aumento dos quadros funcionais ou dos seus níveis de remuneração.
O que a Constituição assegura é que a dotação orçamentária deva ser prévia e suficiente" (*Comentários à Constituição do Brasil*. 2. ed. atual. São Paulo: Saraiva, 2001. vol. 6, t. II, p. 438-439).

ção com atribuições iguais ou assemelhadas pelo prazo de quatro anos. (Incluído pela EC nº 19/1998.)

§ 7º Lei federal disporá sobre as normas gerais a serem obedecidas na efetivação do disposto no § 4º. (Incluído pela EC nº 19/1998.)" (grifos meus).

Interessa-me o *caput* do art. 169, visto que os parágrafos não se referem, em nenhum momento, a limites parciais de despesas, mas apenas à possibilidade de distensão de tais despesas com suficiente dotação orçamentária.

Comentei-o, da forma que se segue em nota de rodapé, quando da 2ª edição dos *Comentários* que elaborei com o saudoso constitucionalista Celso Bastos (2001), isto é, já com a inclusão da previsão correspondente à Lei de Responsabilidade Fiscal, recém-promulgada.[3]

---

[3] "O artigo é destinado a impor uma limitação real à tendência de os governos, principalmente em fim de mandato, assegurar contratações que lhes permitam manter continuidade, mesmo em caso de derrota eleitoral.

A Constituição Federal procurou, de forma contraditória, colocar fim a tais expedientes. De um lado, limitou os gastos com pessoal em sessenta e cinco por cento das receitas correntes no art. 38 das Disposições Transitórias, [...]

De outro lado, contraditoriamente, efetivou os funcionários não concursados com mais de cinco anos e permitiu o direito de greve ilimitado.

Tenho entendido que o direito de greve é limitado às garantias outorgadas à sociedade pela Constituição. O direito ao trabalho é maior que o direito de greve, e o direito do cidadão a ter serviço prestado por funcionário do Estado também é maior que seu direito de greve.

Ninguém é obrigado a ser servidor público. Se o for, entretanto, deve saber que a sua função oferece mais obrigações e menos direitos que na atividade privada. É que o servidor é antes de tudo um servidor da comunidade e não um servidor de si mesmo, sendo seus direitos condicionados aos seus deveres junto à sociedade.

O certo, todavia, é que a prática desmente tal colocação, de forma que os servidores têm sido muito mais servidos pela sociedade, em alguns setores, do que a têm servido. O art. 169 objetiva pôr termo a tal quadro, que exigirá uma exegese de conciliação, impondo normas superiores a regerem a matéria concernente à remuneração dos servidores. O que a lei complementar determinar servirá de parâmetro, à evidência, devendo esta também ficar sujeita aos limites colocados pela Constituição.

O dispositivo de caráter geral aplica-se, no caso, expressamente à União, Estados, Municípios e Distrito Federal, ofertando, mais uma vez, a interpretação de que a lei complementar não é federal, mas nacional.

Outro aspecto a ser examinado é o que diz respeito à seguridade social.

Em tal quadro, percebe-se, pois, a relevância de que se reveste a lei sobre responsabilidade fiscal.

A imposição constitucional objetivou, claramente, disciplinar um dos aspectos mais sensíveis da administração orçamentária, que é a remuneração de quem serve a nação, principalmen-

Meus comentários originais datam, todavia, de 1990 (1ª edição do vol. 6, t. II, Saraiva).[4]

Como se percebe, vinculo o art. 169 ao art. 38 do Ato Complementar das Disposições Transitórias, cuja redação é a seguinte:

"Art. 38. Até a promulgação da lei complementar referida no art. 169, a União, os Estados, o Distrito Federal e os Municípios *não pode-*

---

te porque tem ele o poder de se autobeneficiar, uma vez que os próprios legisladores pertencem também ao quadro de pessoal ativo dos entes federados, com o que sempre há o risco de legislarem em causa própria. A Lei Complementar nº 101/2001 regulou, os princípios constitucionais veiculados pelo art. 169" (*Comentários...* cit., vol. 6, t. II, p. 427-432).

[4] Na ocasião, também escrevi sobre o § 1º do art. 169 o que se segue: "Cabe uma segunda análise do artigo a partir de seu § 1º.

O art. 169 objetivou de forma clara não permitir que fora dos padrões da lei complementar haja qualquer acréscimo orçamentário para despesas com o pessoal. O discurso introdutório do § 1º segue a mesma linha, com maior explicitação. Fala, de início, em qualquer vantagem ou aumento de remuneração, com o que objetiva o constituinte evitar manobras de elevação de dispêndios governamentais. A seguir cuida da criação de cargos ou alteração de estrutura de carreiras.

As quatro hipóteses, portanto, relacionam-se com a atuação do servidor, que poderia ter seus vencimentos normais mantidos dentro de certos limites, mas que, por soluções de Gabinete e de conveniência, sempre os teve consideravelmente elevados, em claro contorno ao princípio vedatório consagrado nas Constituições anteriores. Para evitar tal despautério, o § 1º partiu para a explicitação constitucional, enquadrando tais benefícios extras no rígido controle orçamentário.

Além das quatro hipóteses, cuidou, ainda, do aumento do quadro funcional, exigindo que a admissão a qualquer título de pessoal se submeta às regras orçamentárias.

Colocadas as premissas no concernente ao pessoal, a dicção seguinte diz respeito à admissão de pessoal pelos órgãos e entidades da administração direta e indireta ou aos benefícios atrás mencionados.

O discurso poderia encerrar-se aqui. Se todos os órgãos e todas as entidades da administração direta e indireta submetem-se, no concernente ao pessoal, às regras do § 1º, nenhum órgão do Poder Público *lato sensu* poderia ser excluído, razão pela qual a explicitação constitucional atingiu seu desiderato fundamental.

Receoso, todavia, o constituinte de que pudesse haver interpretações objetivando reduzir o espectro de garantia da sociedade, pela inclusão nos princípios maiores a serem estabelecidos pela lei complementar, numerosas limitações aos gastos de custeio, houve por bem declarar o que a doutrina e a jurisprudência já haviam declarado, ou seja, que entre as entidades referidas no dispositivo estariam as fundações instituídas e mantidas pelo Poder Público.

Nem todas as fundações são instituídas ou mantidas pelo Poder Público. A regra, ao contrário, é a de que a maioria não o seja. Aquelas, todavia, que se encontrem nessas circunstâncias são nítidas entidades de administração indireta, sendo, pois, o discurso de repetição enfática, no interesse da nação. À redação menos técnica sobressalta o argumento de que é mais clara e mais asseguratória dos direitos da sociedade. O dispositivo recebeu numeração diversas (§ 1º e não parágrafo único) por força da EC nº 19, de 4 de junho de 1998, que acrescentou ao artigo mais seis parágrafos" (*Comentários...* cit., vol. 6, t. II, p. 433-437).

rão despender com pessoal mais do que 65% (sessenta e cinco por cento) do valor das respectivas receitas correntes.

Parágrafo único. A União, os Estados, o Distrito Federal e os Municípios, *quando a respectiva despesa de pessoal exceder o limite previsto neste artigo,* deverão retornar àquele limite, reduzindo o percentual excedente à razão de um quinto por ano" (grifos meus).[5]

Em ambos os artigos da Constituição, cuida-se, exclusivamente, do limite global das despesas e não dos limites parciais.

É de se lembrar que o art. 38 do ADCT objetivou permitir período de transição – longo, de resto – entre a Constituição de 1988 e a futura Lei de Responsabilidade Fiscal, que só veio a surgir em 2000, nada obstante ter havido, antes, a "Lei Camata", para reduzir tais limites globais a 60%.

Os textos maiores, portanto, disciplinam exclusivamente os limites globais, jamais os limites parciais.[6]

---

[5] Escrevi: "O terceiro aspecto a ser examinado é o que diz respeito ao pessoal.

Pode-se, à primeira vista, ter a impressão de que, ao não serem incluídas as receitas não tributárias entre aquelas receitas correntes, os servidores da administração indireta estariam fora do limite.

O argumento, todavia, não resiste a uma análise mais profunda.

De início, não distingue, o texto constitucional, entre pessoal da administração direta e aquele da indireta. Fosse intenção fazer a distinção, à evidência, teria dela cuidado no dispositivo.

A máxima *ubi lex non distinguit, distinguere non debemus,* se de possível contestação para determinados ramos do direito, não o é, todavia, quando objetiva garantir os direitos superiores da sociedade.

Como já me referi atrás, o dispositivo é voltado a garantir a sociedade contra o desperdício do dinheiro público, razão pela qual pretender, por interpretação infraconstitucional, criar restrição à garantia não constante do texto supremo é, à nitidez, amputar a lei maior por uma interpretação conveniente à aética.

De início, portanto, não há como considerar que o vocábulo 'pessoal' deva ser lido como se fosse 'pessoal da administração direta', acompanhado de uma oração oculta nos seguintes termos: 'excluído o pessoal da administração indireta'.

A ausência da distinção, portanto, leva-me a entender que o pessoal, tanto da administração direta quanto da indireta, foram indicados na regra superior do art. 38 das Ds. Ts" (*A economia brasileira e suas perspectivas.* Ed. Apec, 1991. p. 189). Tal interpretação, todavia, não prevaleceu, nem na Lei de Responsabilidade Fiscal, nem na jurisprudência dos Tribunais de Contas, se não no que diz respeito às autarquias e fundações públicas.

[6] Manoel Gonçalves Ferreira Filho, ao comentar o *caput* do art. 169 escreveu, antes da Lei da Responsabilidade Fiscal, que: "Limites às despesas de pessoal. A Constituição de 1967 procurou impedir que os Estados, os Municípios e a própria União dispendessem a maior parte de

Ora, o que a Constituição não restringe não cabe aos legisladores complementar ou ordinário restringir.

É bem presente a lição dos Ministros Moreira Alves e Soares Muñoz sobre a função de lei complementar, quando estabelecedoras de normas gerais tributárias ou administrativas. Suas Excelências, quando ministros da Suprema Corte, bem esclareceram tal função, ao dizerem que cabe à lei complementar apenas explicitar o que na Constituição está. Não pode reduzir princípios, normas ou institutos, pois como diz, apenas tem a função de "complementar" o texto supremo, aclarando-o.

Embora voltado à reflexão sobre a lei complementar tributária, o Min. Moreira Alves, interpretando o pensamento do Min. Soares Muñoz, assim se manifestou:

"Mas o Min. Soares Muñoz não decidiu isso. Ele não estava tratando, aqui, de saber se era lei complementar ou não era lei complementar. Tanto que ele disse o seguinte: 'Esse decreto-lei, anterior à Constituição Federal em vigor, não pode, no particular, ser aplicado. *Porque ele impõe uma restrição à imunidade, a qual não se confunde com isenção; uma restrição que não está no texto constitucional'. Isso significava dizer o que? Dizer: 'Nem lei complementar, nem lei nenhuma, pode impor uma restrição a uma imunidade que decorre da Constituição'.*

E, a meu ver, está absolutamente correto. Porque não é possível se admitir que uma lei complementar, *ainda que a Constituição diga que ela*

---

sua receita em despesas de pessoal. Com isso quis obrigar essas três entidades a aplicar em despesas de capital que normalmente redundam em acréscimo de riqueza.

O texto promulgado em 1967 (art. 66, § 42) estabelecia o limite de 50% das receitas correntes para os gastos com pessoal, tanto para a União como para os Estados e Municípios. Das receitas correntes, estipulava a norma. Dessa forma, somente a metade do percebido pela União, ou pelos Estados ou Municípios, como receita patrimonial, tributária e industrial, na forma do art. 11, § 1º, da Lei nº 4.320, de 17 de março de 1964, excluída, portanto, a chamada receita de capital (v. art. 11, § 2º, da citada Lei nº 4.320), podia ser aplicada em despesas de pessoal.

O texto estabelecido pela Emenda Constitucional nº 1, de 17 de outubro de 1969, sem abandonar o princípio, deu-lhe maior flexibilidade. De fato, hoje a Constituição prevê que lei complementar fixe o limite para as despesas de pessoal, levando em conta, certamente, diferentes fatores que influem sobre esse dispêndio. *É de se supor que essa lei complementar reconheça a disparidade de situação entre os diversos Estados e Municípios brasileiros, sem lhes impor um molde único e rígido, como o fazia o art. 66, § 4º, da redação promulgada em 24 de janeiro de 1967.*

É essa a solução da Lei Magna em vigor.

Hoje tal Lei Complementar é a de nº 82/95" (grifos meus) (*Comentários à Constituição Brasileira de 1988*. São Paulo: Saraiva, 1999. vol. 2, p. 165-166).

pode regular limitações à competência tributária, possa aumentar restrições a essa competência. Ela pode é regulamentar. Se é que há o que regulamentar, em matéria de imunidade, no sentido de ampliá-la ou reduzi-la. Porque isso decorre estritamente da Constituição" (grifos meus).[7]

Nos comentários ao sistema tributário, outra não foi a inteligência que emprestei à função maior deste veículo legislativo, valendo o que disse para a lei complementar tributária, também para a lei complementar em matéria de direito administrativo, quando escrevi:

"Em direito tributário, como, de resto, na grande maioria das hipóteses em que a lei complementar é exigida pela Constituição, tal veículo legislativo é explicitador da Carta Magna. Não inova, porque senão seria inconstitucional, mas complementa, esclarecendo, tornando clara a intenção do constituinte, assim como o produto de seu trabalho, que é o princípio plasmado no Texto Supremo.

É, portanto, a lei complementar norma de integração entre os princípios gerais da Constituição e os comandos de aplicação da legislação ordinária, razão pela qual, na hierarquia das leis, posta-se acima destes e abaixo daqueles. Nada obstante alguns autores entendam que tenha campo próprio de atuação – no que têm razão –, tal esfera própria de atuação não pode, à evidência, nivelar-se àquela outra pertinente à legislação ordinária. A lei complementar é superior à lei ordinária, servindo de teto naquilo que é de sua particular área mandamental".[8]

Em outras palavras, a lei complementar não pode estabelecer restrições que a Constituição Federal não estabeleça. Caso contrário, subordinar-se-ia a Constituição ao veículo infraconstitucional e não este à Constituição.

Ora, no que diz respeito a LRF, à evidência, poderia esta determinar os limites gerais de gastos com o pessoal, mas não poderia instituir limites parciais que viessem, em seu descumprimento, levar à punição de autoridades, mesmo que os limites globais fossem cumpridos. Nitidamente, o estabelecimento de limites parciais rígidos representaria séria violação ao pacto federativo, em face das realidades diversas das 5.500 entidades federativas desta nação continente, que é o Brasil.

---

[7] *Processo administrativo tributário*. 2. ed. São Paulo: Centro de Extensão Universitária, RT, 2001. p. 31-32. (Pesquisas Tributárias – Nova Série nº 5).
[8] *Comentários...* cit., vol. 6, t. I, p. 79.

É interessante notar que, sempre que limites parciais sejam de necessária definição, é a própria Constituição que os define, como, por exemplo, ocorre com os limites de gastos com o Poder Legislativo, no concernente aos Municípios. O art. 29-A da CF está assim redigido:

"Art. 29-A. O total da despesa do Poder Legislativo Municipal, incluídos os subsídios dos vereadores e excluídos os gastos com inativos, não poderá ultrapassar os seguintes percentuais, relativos ao somatório da receita tributária e das transferências previstas no § 5º do art. 153 e nos arts. 158 e 159, efetivamente realizado no exercício anterior: (Incluído pela EC nº 25/2000.)

[...]

IV – cinco por cento para Municípios com população acima de quinhentos mil habitantes. (Incluído pela EC nº 25/2000.)

[...]".

O simples fato de se admitirem gastos de até 70% de sua receita com folha de pagamento, torna perceptível que os 6% pretendidos pelo art. 20 da LC 101/2000 para todos os legislativos municipais das 5.500 entidades federativas do País, seria de impossível consecução, neste caso.[9]

Em outras palavras, quando a Constituição impõe tão-somente limites globais às despesas, em seu art. 169, a lei complementar, infraconstitucional, apenas pode sugerir limites parciais, mas jamais impô-los. E, quando a Constituição impõe limites parciais de despesas com o pessoal, como no caso dos Municípios, os limites parciais sugeridos pela Lei de Responsabilidade Fiscal deverão ser adaptados, não se podendo dar ao art. 20 força maior que a da lei suprema.

É bem verdade que o art. 20 da LRF fala em receita corrente líquida e o 29-A da CF em somatório da receita tributária e das transferências previstas nos arts. 153, § 5º, 158 e 159. O diferencial, porém, decorrente dos dois conceitos de receitas não seria jamais de tal monta, que permitisse a compatibilização entre os limites parciais da Constituição Federal e da Lei de Responsabilidade Fiscal, nos Legislativos municipais.

---

[9] O § 1º do art. 29-A está assim redigido: "§ 1º A Câmara Municipal *não gastará mais de 70% (setenta por cento) de sua receita* com folha de pagamento, incluído o gasto com o subsídio de seus Vereadores. (Incluído pela EC nº 25/2000.)" (grifos meus).

Desta forma, todos os Municípios jamais poderiam ter gastos com pessoal do Legislativo até 6%, em face de a limitação, para as receitas do art. 29-A, ser: 5,6% (Municípios até 100.000 habitantes), 4,9% (Municípios de 100.000 até 300.000), 4,2% (Municípios de 300.000 a 500.000), 3,5% (Municípios de mais de 500.000 habitantes), ou seja, a 70% dos tetos determinados pela Carta Magna. O conceito de "receita líquida", do inc. IV do art. 2º da LRF, jamais criaria condições para chegar-se aos 6% estabelecidos pelo art. 20.[10]

Por esta razão, não há como visualizar, no art. 20 da LRF, *caput*, assim redigido:

"Art. 20 A repartição dos limites globais do art. 19 não poderá exceder os seguintes percentuais:

I – na esfera federal:

a) 2,5% para o Legislativo, incluído o Tribunal de Contas da União;

b) 6% para o Judiciário;

c) 40,9% para o Executivo, destacando-se 3% para as despesas com pessoal decorrentes do que dispõem os incisos XIII e XIV do

---

[10] Estão o art. 2º, IV, e seus parágrafos assim redigidos:

"Art. 2º Para os efeitos desta Lei Complementar, entende-se como:

[...]

IV – receita corrente líquida: somatório das receitas tributárias, de contribuições, patrimoniais, industriais, agropecuárias, de serviços, transferências correntes e outras receitas também correntes, deduzidos:

a) na União, os valores transferidos aos Estados e Municípios por determinação constitucional ou legal, e as contribuições mencionadas na alínea *a* do inciso I e no inciso II do art. 195, e no art. 239 da Constituição;

b) nos Estados, as parcelas entregues aos Municípios por determinação constitucional;

c) na União, nos Estados e nos Municípios, a contribuição dos servidores para o custeio do seu sistema de previdência e assistência social e as receitas provenientes da compensação financeira citada no § 9º do art. 201 da Constituição.

§ 1º Serão computados no cálculo da receita corrente líquida os valores pagos e recebidos em decorrência da Lei Complementar nº 87, de 13 de setembro de 1996, e do fundo previsto pelo art. 60 do Ato das Disposições Constitucionais Transitórias.

§ 2º Não serão considerados na receita corrente líquida do Distrito Federal e dos Estados do Amapá e de Roraima os recursos recebidos da União para atendimento das despesas de que trata o inciso V do § 1º do art. 19.

§ 3º A receita corrente líquida será apurada somando-se as receitas arrecadadas no mês em referência e nos onze anteriores, excluídas as duplicidades".

art. 21 da Constituição e o art. 31 da EC nº 19, repartidos de forma proporcional à média das despesas relativas a cada um destes dispositivos, em percentual da receita corrente líquida, verificadas nos três exercícios financeiros imediatamente anteriores ao da publicação desta lei complementar;

d) 0,6% para o Ministério Público da União;

II – na esfera estadual:

a) 3% para o Legislativo, incluído o Tribunal de Contas do Estado;

b) 6% para o Judiciário;

c) 49% para o Executivo;

d) 2% para o Ministério Público dos Estados;

III – na esfera municipal:

a) 6% para o Legislativo, incluído o Tribunal de Contas do município, quando houver;

b) 54% para o Executivo",[11] uma vedação absoluta, mas apenas uma sugestão de cumprimento parcial, valendo como vedações absolutas apenas os limites globais do art. 19, assim redigido:

"Art. 19 Para os fins do disposto no *caput* do art. 169 da Constituição, a despesa total com pessoal, em cada período de apuração e em cada ente da Federação, não poderá exceder os percentuais da receita corrente líquida, a seguir discriminados:

I – União: 50%;

II – Estados: 60%;

III – Municípios 60%.

§ 1º Na verificação do atendimento dos limites definidos neste artigo, não serão computadas as despesas:

---

[11] Arícia Fernandes Correia assim se refere aos limites parciais: "Não se pode tolher o ente público a ponto de negar-lhe opções para melhor se desincumbir de suas funções institucionais e, mesmo, para aprimorar suas atividades-fim através da delegação das atividades intermediárias à consecução dos interesses públicos. Limitar estes gastos ao paradigma passado é impedir a margem mínima de flexibilidade administrativa necessária ao gestor público diante do imprevisível e, mesmo, negar a autoridade ínsita à sua função de bem gerir a coisa pública" (Apud MOREIRA NETO, Diogo de Figueiredo. *Considerações sobre a Lei de Responsabilidade Fiscal* – Finanças públicas democráticas. Rio de Janeiro: Renovar, 2001. p. 175 [com a colaboração de Silvio Freire de Moraes]).

I – de indenização por demissão de servidores ou empregados;

II – relativas a incentivos à demissão voluntária;

III – derivadas da aplicação do disposto no inc. II do § 6º do art. 57 da Constituição;

IV – decorrentes de decisão judicial e da competência de período anterior ao da apuração a que se refere o § 2º do art. 18;

V – com pessoal, do Distrito Federal e dos Estados do Amapá e Roraima, custeadas com recursos transferidos pela União na forma dos incisos XIII e XIV do art. 21 da Constituição e do art. 31 da EC nº 19;

VI – com inativos, ainda que por intermédio de fundo específico, custeadas por recursos provenientes:

a) da arrecadação de contribuições dos segurados;

b) da compensação financeira de que trata o § 9º do art. 201 da Constituição;

c) das demais receitas diretamente arrecadadas por fundo vinculado a tal finalidade, inclusive o produto da alienação de bens, direitos e ativos, bem como seu superávit financeiro.

§ 2º Observado o disposto no inc. IV do § 1º, as despesas com pessoal decorrentes de sentenças judiciais serão incluídas no limite do respectivo Poder ou órgão referido no art. 20".[12]

Por esta razão, Maria Sylvia Zanella Di Pietro criticou acerbamente o veto ao § 6º, do art. 20, que estava assim redigido: "§ 6º Somente será

---

[12] Diogo de Figueiredo tece diversas críticas e considera inaceitável o que denomina de sub-repartição: "Aqui existe uma perplexidade a ser resolvida. Como sói ocorrer, quando se escolhe padrões arbitrários, esta fixação tem o efeito de ignorar as contingências, congelando os percentuais das repartições internas em cada Poder sem considerar as mudanças de ênfase e de prioridades de suas respectivas políticas internas.

Ora, essa sub-repartição não é imprescindível à efetivação dos limites constitucionalmente postos, como decidiu o Supremo Tribunal Federal com relação à repartição entre os Poderes e órgãos financeiramente autônomos. Ao contrário, essa repartição é diferente, é de outra natureza, que não explicita, nem mesmo implicita, mas que torna inviável o exercício das competências próprias dos Poderes Legislativo e Judiciário para disporem sobre seus atos, servidores, bens e serviços, que necessitam ser todos definidos e redefinidos a cada ano, conforme as circunstâncias enfrentadas por cada um deles e, por certo, uma programação voltada para o futuro e não para o passado.

Forçoso é concluir-se, portanto, que se deu uma grave interferência do legislador complementar na autonomia do ente federativo, maculando, desta vez, de inconstitucionalidade irremediável o art. 20, 1º, da Lei em comento" (grifos meus) (Op. cit., p. 174).

aplicada a repartição dos limites estabelecidos no *caput*, caso a lei de diretrizes orçamentárias não disponha de forma diferente", ao dizer que:

"Foi lamentável a oposição de veto a esse dispositivo. A Lei de Responsabilidade Fiscal coloca os entes da Federação em verdadeira camisa-de-força, ferindo-lhes a autonomia para definir as suas metas e prioridades por intermédio da lei de diretrizes orçamentárias. A lei, ao definir os limites de cada Poder e dos órgãos que os integram e estabelecer, para estes últimos, uma repartição baseada na média apurada nos três exercícios financeiros anteriores ao da publicação da lei, certamente procurou retratar a situação vigente nessa data. Ocorre que o interesse público é variável; as necessidades públicas são mutáveis; em conseqüência, os gastos com pessoal podem ter que variar e deslocar-se de um setor para outro, conforme as prioridades e metas definidas por cada ente da Federação.

Não é por outra razão que o art. 165, § 2º, da Constituição determina que: 'A lei de diretrizes orçamentárias compreenderá as metas e prioridades da Administração Pública Federal, incluindo as despesas de capital para o exercício financeiro subseqüente, orientará a elaboração da lei orçamentária anual, disporá sobre as alterações na legislação tributária e estabelecerá a política de aplicação das agências financeiras oficiais de fomento'.

E a própria Lei de Responsabilidade Fiscal determina, no art. 42, que a lei de diretrizes orçamentárias atenderá o disposto no § 2º do art. 165 da Constituição. Com a fixação dos limites e sua repartição entre Poderes e órgãos, a autonomia para a determinação das metas e prioridades ficará limitada em função dos percentuais estabelecidos na Lei de Responsabilidade Fiscal. O § 6º tinha o condão de, sem desrespeitar o limite global definido no art. 19, permitir certa margem de flexibilidade para cada ente da Federação distribuir os percentuais em consonância com as metas e prioridades definidas na lei de diretrizes orçamentárias.

Além disso, as razões do veto deixam sem justificativa a exceção contida na parte final do § 5º do art. 20, ao permitir que a lei de diretrizes orçamentárias fixe percentuais diversos dos definidos nesse dispositivo quando se trate de dotações orçamentárias dos Poderes Judiciário e Legislativo e do Ministério Público. Como a exceção somente diz respeito à aplicação do art. 168 da Constituição, entende-se que os percentuais diversos dos estabelecidos na Lei de Responsabilidade Fiscal não podem afetar o fixado para o Poder Executivo" (grifos meus).[13]

Pessoalmente, entendo que o veto foi inócuo. Inoperante. Inútil. Antifederativo. Inconstitucional.

É que, se a Constituição não impôs limites parciais; se a própria Constituição, quando pretendeu impor limites parciais às despesas com os legislativos municipais – em que o custo da mão-de-obra constitui a essência de seus gastos – fê-lo em percentuais diferentes dos 6% da LRF; se a interpretação da Suprema Corte é que cabe à lei complementar apenas explicitar – quando cuidando de normas gerais – a lei suprema; se não cabe à lei complementar restringir direitos, reduzir faculdades, impor subordinação do constituinte ao legislador inferior, à evidência, o veto não poderia – como não ocorreu, nos inúmeros entes federativos que têm respeitado o limite global, de um lado, mas os acordos entre os poderes, de outro, com os limites parciais diversos, ainda hoje – impor a obrigação de seguir a restrição que não se encontra na Carta Magna.

Em outras palavras, o *caput* do art. 20 não é uma vedação, mas uma sugestão, cabendo aos Poderes, dentro dos limites globais, definir o percentual que lhes cabe, visto que a camisa-de-força de uma Lei de Responsabilidade Fiscal não pode ser um "figurino único" aplicável, sem qualquer ajuste, às 5.500 entidades federativas do País.[14]

---

[13] MARTINS, Ives Gandra; NASCIMENTO, Carlos Valder do (Org.) et al. *Comentários à Lei de Responsabilidade Fiscal*. São Paulo: Saraiva, 2001 p. 151.

[14] Não é conclusiva a ADIn 2238, cujo resumo no *Informativo* nº 206 do STF ficou assim veiculado: "Prosseguindo no julgamento da ação direta de inconstitucionalidade ajuizada pelo PC do B, PSB e PT, na parte em que se impugnava o art. 20 da Lei Complementar nº 10l/2000 – que estabelece uma repartição dos limites globais de despesa com pessoal entre os Poderes (v. *Informativo* nº 204), o Tribunal, por maioria, indeferiu o pedido de liminar, por não vislumbrar, *num primeiro exame*, incompatibilidade do dispositivo impugnado com a CF, *vencidos os Ministros Ilmar Galvão, relator Sepúlveda Pertence, Octavio Gallotti, Neri da Silveira e Carlos Velloso,* que deferiam a liminar, por aparente ofensa ao § 1º do art. 99 e ao art. 169 da CF. *O Min. Marco Aurélio* retificou o seu voto proferido anteriormente para deferir o pedido de medida cautelar. Em questão de ordem apresentada pelo Min. Ilmar Galvão, relator, o Tribunal indeferiu os pedidos da Advocacia-Geral da União no sentido de serem ouvidos os Estados-membros afetados pelo dispositivo impugnado e de submeter as ações diretas ao julgamento definitivo do Tribunal, anulando-se o julgamento liminar ora em andamento. *Em seguida, o julgamento foi adiado por indicação do relator*" (grifos meus) (ADInMC nº 2.238-DF – rel. Min. Ilmar Galvão – j. 11-10-2000).

Foi, de resto, esta a interpretação que ofertei quando, tão logo publicada a lei, fui convidado para proferir palestra no Egrégio Tribunal de Justiça de Pernambuco, tendo como debatedor o eminente Conselheiro do Tribunal de Contas daquele Estado, professor Marcos Nóbrega. Este, em reflexão acadêmica, por ocasião de sua brilhante tese de doutoramento na Universidade de Pernambuco – de cuja banca tive a honra de participar e cujo resultado foi a aprovação com a distinção máxima – também hospedou idêntica inteligência de que não há uma camisa-de-força não existente na Constituição, de *percentuais parciais rígidos* para as mais de 5.500 entidades federativas do País.[15]

Esta é a razão pela qual a EC nº 15/99, de Sergipe, *em plena vigência e eficácia naquele Estado*, – jamais tendo sido contestada em ação, seja por controle difuso, seja em controle concentrado – determina que:

"EMENDA CONSTITUCIONAL Nº 15/1999

Altera os artigos 37, 70 e 95 da Constituição do Estado de Sergipe.

A MESA DA ASSEMBLÉIA LEGISLATIVA DO ESTADO DE SERGIPE, no uso das atribuições que lhe são conferidas nos termos do § 3º, tendo sido observado o disposto no § 2º, ambos do art. 56 da Constituição Estadual, promulga a seguinte Emenda Constitucional:

Art. 1º Ficam alterados o *caput* do art. 37 e o § 12 do art. 95, bem como acrescentado o parágrafo único do art. 70, da Constituição do Estado de Sergipe, passando a vigorar com a seguinte redação:

'Art. 37. A Assembléia Legislativa elaborará sua proposta orçamentária dentro dos limites estipulados conjuntamente com os demais poderes, na forma da Lei de Diretrizes Orçamentárias, nunca inferior a 3% (três) por cento e até 5% (cinco) por cento da receita estadual,

---

[15] Em seu estudo, todavia, não desconhece a inconclusiva decisão em Medida Cautelar de ADIn suspensa sobre o art. 20: "Não obstante o questionamento quanto à constitucionalidade deste comando, consubstanciado em cinco Ações Diretas de Inconstitucionalidade impetradas no Supremo Tribunal Federal, a Suprema Corte se manifestou, em sede liminar nos autos da ADIn nº 2.238-5, pela constitucionalidade do art. 20 da LRF. O Tribunal de Contas do Estado de Pernambuco, no mesmo sentido, e mais além, se pronunciou através da Decisão TC nº 1.177/2000, nos autos do Processo de Consulta TC nº 0001893-4, acerca da possibilidade da LDO estabelecer limites diferentes daqueles constantes no art. 20" (NASCIMENTO, Carlos Valder do (Coord.) et al. *Lei de Responsabilidade Fiscal* – Teoria e prática. Rio de Janeiro: América Jurídica, 2002. p. 17).

excluída a proveniente de operações de créditos e convênios vinculados à cobertura de despesas de capital e a destinada a transferências tributárias constitucionais obrigatórias para os Municípios.

Parágrafo único. [...]'

'Art. 70. [...]

Parágrafo único. O Tribunal de Contas elaborará sua proposta orçamentária dentro dos limites estipulados conjuntamente com os Poderes Constituídos, na forma da Lei de Diretrizes Orçamentárias, nunca inferior a 2% (dois) por cento e até 3% (três) por cento da receita estadual, excluída a proveniente de operações de créditos e convênios vinculados à cobertura de despesas de capital e a destinada a transferências tributárias constitucionais obrigatórias para os Municípios.'

'Art. 95. [...]

§ 1º O Poder Judiciário elaborará a sua proposta orçamentária dentro dos limites estipulados conjuntamente com os demais Poderes, na forma da Lei de Diretrizes Orçamentárias, nunca inferior a 5% (cinco) por cento e até 7% (sete) por cento da receita estadual, excluída a proveniente de operações de créditos e convênios vinculados à cobertura de despesas de capital e a destinada a transferências tributárias constitucionais obrigatórias para os Municípios.

§ 2º [...].'

Art. 2º Esta Emenda Constitucional entrará em vigor na data de sua publicação, produzindo efeitos a partir de 1º de janeiro de 1999.

Art. 3º Revogam-se as disposições em contrário.

Plenário da Assembléia Legislativa do Estado de Sergipe, em Aracaju, em 6 de janeiro de 1999.

Deputado Nicodemos Falcão, Presidente; Deputado Jorge Alberto, 1º Secretário; Deputada Venúzia Franco, 2º Secretário."

Em outras palavras, a inteligência, que sempre ofertei ao art. 169 da CF e à LRF, foi consagrada, sem qualquer contestação, junto ao Poder Judiciário – e a emenda é de 1999 –, ou seja, de que, respeitados os limites globais, é possível a composição dos limites parciais, conforme o interesse público e a conjuntura especial do Estado. De rigor, reflete o pacto federativo de um país continental, que convive com problemas, soluções e questões políticas e administrativas nitidamente diferentes, na grande maioria dos Estados brasileiros.

Sobre esta emenda, o procurador-geral do Estado de Sergipe à época, Dr. Vladimir de Oliveira Macedo, com muita pertinência, escreveu:

"Nos lindes do Estado de Sergipe, sempre houve a presunção de legitimidade e legalidade da referida Emenda Constitucional, realce-se, *jamais declarada inconstitucional pelo Pretório Excelso, que sequer chegou a ser instado por quaisquer dos legitimados.*

Vale dizer: *jamais houve, por parte da União, ou qualquer dos legitimados para propor Ação Declaratória de Constitucionalidade ou Direta de Inconstitucionalidade, quaisquer medidas a contestar a higidez jurídica da Emenda Constitucional nº 15/99, havendo, pois, em relação à mesma, presunção da sua legalidade e cogência.*

Tal presunção de constitucionalidade, aliás, foi corroborada, durante todo esse tempo, pela própria Secretaria do Tesouro Nacional, quando continuou a chancelar as operações de crédito, sem fazer qualquer glosa ou censura",[16]

lembrando-se que todas as operações de crédito foram chanceladas pela Secretaria do Tesouro Nacional, desde 1999, *à luz da referida emenda constitucional*, em plena vigência, eficácia e validade até o presente.

O primeiro aspecto, portanto, nestas considerações preambulares, pode ser assim resumido:

1. o art. 169 da CF impõe à lei complementar futura apenas limites globais para os gastos com pessoal;

2. a decisão proferida na ADIn 2238 do STF, cujo julgamento da medida cautelar está ainda suspenso, mas que considerou, por 6 x 5, em princípio, constitucional o art. 20, não é definitiva e nem sinaliza um comprometimento final com a tese antifederativa (nota de rodapé 13);

3. o art. 38 do ADCT, norma de transição entre a promulgação da Constituição Federal e a futura Lei de Responsabilidade Fiscal, impôs limites apenas globais às despesas, o mesmo ocorrendo com a denominada "Lei Camata";

4. o art. 29-A da CF, ao impor limites parciais aos gastos com os legislativos municipais – *considerando as diferentes realidades do País* –, especificamente comprova que, quando o constituinte pretende deter-

---

[16] Parecer nº 1206/2006, de 10-2-2006, cuja cópia foi-me entregue pelo consulente.

minar restrições parciais, fá-lo expressamente e não delega essa tarefa ao legislador infraconstitucional;

5. a lei complementar não pode restringir direitos federativos que constam da Constituição Federal;

6. a lei complementar pode, apenas, explicitar, mas nunca reduzir a eficácia dos princípios, normas e institutos constantes da Constituição;

7. a EC nº 15/99 de Sergipe permite a compensação dos limites parciais de gastos entre Poderes, desde que se respeite o limite global, estabelecido na Constituição Federal, para as despesas com pessoal dos três Poderes;

8. a EC nº 15/99 nunca foi contestada judicialmente, estando em plena vigência, validade e eficácia;

9. a Secretaria do Tesouro Nacional, ao calcular os créditos do Estado de Sergipe, jamais pôs em xeque o fato de que seguiam, seus Poderes, a EC nº 15/99, em consonância com a Lei de Responsabilidade Fiscal (limites globais) e o art. 169 da CF;[17]

10. o *caput* do art. 20 não autoriza interpretação que restrinja a inteligência do art. 169 da CF, que veio regular;[18]

---

[17] O § 5º do art. 20 da LRF está, a meu ver, a justificar a EC nº 15/99, estando assim redigido: " § 5º Para os fins previstos no art. 168 da Constituição, a entrega dos recursos financeiros correspondentes à despesa total com pessoal por Poder e órgão será a resultante da aplicação dos percentuais definidos neste artigo, *ou aqueles fixados na lei de diretrizes orçamentárias*" (grifos meus).

[18] Marcos Nóbrega, em estudo intitulado *A lei de responsabilidade fiscal e os limites de despesas de pessoal*: a unção da lei de diretrizes orçamentárias, que me cedeu, lembra que: "Além da argumentação jurídica acima exposta, podemos lançar mão de dados empíricos que possam *corroborar nossa tese da possibilidade de estipulação de limites diferentes, por Poder, daqueles estabelecidos no art. 20 via Lei de Diretrizes Orçamentárias*. Dados publicados no jornal *Folha de S. Paulo* demonstram que dos 27 Estados da federação, 17 Estados precisam fazer corte de gastos em algum Poder, considerando que a interpretação vitoriosa fosse a da proibição do remanejamento de percentuais entre os poderes. Caso a exegese vitoriosa seja aquela que permite a transposição de percentuais no âmbito das leis de diretrizes orçamentárias locais (corrente essa com a qual nos filiamos), dos 27 Estados federados, 18 Estados estariam abaixo do limite global de 60%. No caso dos municípios, se também considerarmos o limite global de 60%, encontraríamos que 90% dos municípios brasileiros estariam abaixo desse limite.
Assim, harmonizando princípios de hermenêutica constitucional com o princípio fundamental da autonomia dos entes federados, lançando mão de uma abordagem principiológica que numa visão de gestão fiscal responsável estabelecida pela Lei de Responsabilidade Fiscal coloca o planejamento como princípio fundamental para os entes públicos e analisando os dados empíricos

11. por fim, é de se lembrar a Decisão nº 1.177/2000 do Tribunal de Contas do Estado de Pernambuco:

"Decidiu o Tribunal de Contas do Estado, à unanimidade, em sessão ordinária realizada no dia 14 de junho de 2000,

CONSIDERANDO os princípios constitucionais da Federação e da autonomia dos entes federados; CONSIDERANDO a regra de princípios de hermenêutica constitucional de interpretação conforme a constituição; CONSIDERANDO o § *5º do artigo 20 da Lei de Responsabilidade Fiscal, responder ao consulente nos seguintes termos:*

I – Com base na Constituição Federal e no § 5º do artigo 20 da Lei de Responsabilidade Fiscal, há a possibilidade dos entes federados estabelecerem em suas Leis de Diretrizes Orçamentárias percentuais máximos de despesa com pessoal diferentemente do que dispõe o artigo 20, II, da Lei de Responsabilidade Fiscal.

II – Em nenhuma hipótese, a possível alteração dos percentuais relativos a despesas com pessoal poderá importar na extrapolação do percentual global de 60% fixado no inciso II do artigo 19 da Lei de Responsabilidade Fiscal" (grifos meus).[19]

Isso posto, passo a segunda consideração preambular, antes de concluir este estudo.

O segundo aspecto relaciona-se à correta exegese do art. 23 da LC 101/2000.

O artigo está assim disposto:

"Art. 23. Se a despesa total com pessoal, do Poder ou órgão referido no art. 20, ultrapassar os limites definidos no mesmo artigo, sem prejuízo das medidas previstas no art. 22, o percentual excedente terá de ser eliminado nos dois quadrimestres seguintes, sendo pelo menos um terço no primeiro, adotando-se, entre outras, as providências previstas nos §§ 3º e 4º do art. 169 da Constituição.[20]

---

para Estados e Municípios, em conclusão, advogamos a tese de que os entes federados, com base no que dispõe o § 5º do artigo 20 da LRF, poderiam estipular via Leis de Diretrizes Orçamentárias percentuais de despesas com pessoal diferentes daqueles estabelecidos no artigo 20, desde que, é claro, sejam respeitados os limites globais dispostos no artigo 1º da Lei de Responsabilidade Fiscal" (grifos meus) (p. 13-14).

[19] Decisão em meu poder.

[20] Os §§ 3º e 4º do art. 169, que repito, estão assim redigidos: "§ 3º Para o cumprimento dos limites estabelecidos com base neste artigo, durante o prazo fixado na lei complementar re-

§ 1º No caso do inciso I do § 3º do art. 169 da Constituição, o objetivo poderá ser alcançado tanto pela extinção de cargos e funções quanto pela redução dos valores a eles atribuídos. (Vide ADIn nº 2.238-5.)

§ 2º É facultada a redução temporária da jornada de trabalho com adequação dos vencimentos à nova carga horária. (Vide ADIN nº 2.238-5.)

§ 3º Não alcançada a redução no prazo estabelecido, e enquanto perdurar o excesso, o ente não poderá:

I – receber transferências voluntárias;

II – obter garantia, direta ou indireta, de outro ente;

III – contratar operações de crédito, ressalvadas as destinadas ao refinanciamento da dívida mobiliária e as que visem à redução das despesas com pessoal.

§ 4º As restrições do § 3º *aplicam-se imediatamente se a despesa total* com pessoal exceder o limite no primeiro quadrimestre do último ano do mandato dos titulares de Poder ou órgão referidos no art. 20." (grifos meus).[21]

---

ferida no *caput*, a União, os Estados, o Distrito Federal e os Municípios adotarão as seguintes providências: (Incluído pela EC nº 19/1998.)

I – redução em pelo menos 20% (vinte por cento) das despesas com cargos em comissão e funções de confiança; (Incluído pela EC nº 19/1998.)

II – exoneração dos servidores não estáveis. (Incluído pela EC nº 19/1998.)

§ 4º Se as medidas adotadas com base no parágrafo anterior não forem suficientes para assegurar o cumprimento da determinação da lei complementar referida neste artigo, o servidor estável poderá perder o cargo, desde que ato normativo motivado de cada um dos Poderes especifique a atividade funcional, o órgão ou unidade administrativa objeto da redução de pessoal. (Incluído pela EC nº 19/1998.)".

[21] O art. 22 da LRF está assim veiculado: "Art. 22. A verificação do cumprimento dos limites estabelecidos nos arts. 19 e 20 será realizada ao final de cada quadrimestre.

Parágrafo único. Se a *despesa total com pessoal* exceder a 95% (noventa e cinco por cento) do limite, são vedados ao Poder ou órgão referido no art. 20 que houver incorrido no excesso:

I – concessão de vantagem, aumento, reajuste ou adequação de remuneração a qualquer título, salvo os derivados de sentença judicial ou de determinação legal ou contratual, ressalvada a revisão prevista no inciso X do art. 37 da Constituição;

II – criação de cargo, emprego ou função;

III – alteração de estrutura de carreira que implique aumento de despesa;

IV – provimento de cargo público, admissão ou contratação de pessoal a qualquer título, ressalvada a reposição decorrente de aposentadoria ou falecimento de servidores das áreas de educação, saúde e segurança;

O artigo possui dois comandos claros: o primeiro é de que, se forem mantidos os limites globais, *mas não os parciais*, caberá ao ente federativo a eliminação do percentual excedente nos dois quadrimestres seguintes.

Como já demonstrei, tal artigo fere o art. 169 da CF, assim como o disposto no art. 29-A, que estabelece limites diversos.

É de se lembrar que o art. 29, VII, da CF, assim redigido: "[...] VII – o total da despesa com a remuneração dos Vereadores não poderá ultrapassar o montante de 5% (cinco) por cento da receita do Município; (Incluído pela EC nº 1, de 1992.)", proíbe que se remunerem os vereadores com mais de 5% da receita do burgo. Vale dizer, o Município de até 100.000 habitantes que remunere, nos termos do referido dispositivo, seus vereadores com 5% da receita, não terá 0,6% para gastar com a manutenção de todo o pessoal da Câmara Municipal. E nenhum Município com mais de 100.000 habitantes poderia remunerar com 5% seus vereadores, pois o máximo a ser destinado à folha de pagamento seria de 4,9%![22] Nitidamente, o pacto federativo plasmado pela Constituição Federal não se compatibiliza com o disposto no art. 20 ou no art. 23 da LRF, a não ser que se interprete, como o fiz, o dispositivo como sendo não taxativo, mas apenas indicativo. É o que ocorre, aliás, com os outros da própria Constituição, como, por exemplo, o planejamento econômico, apenas indicativo para o setor privado.[23]

Talvez, por esta razão, é que se oferte prazo de ajuste dos limites nos dois quadrimestres posteriores, sendo, para mim, de manifesta in-

---

V – contratação de hora extra, salvo no caso do disposto no inciso II do § 6o do art. 57 da Constituição e as situações previstas na lei de diretrizes orçamentárias" (grifos meus).

[22] Sempre considerei tal percentual elevado. Comentei-o: "O inc. VII objetiva colocar um segundo limite à remuneração dos vereadores, ou seja, 5% da receita do Município.

Tal limite é fantasticamente alto, uma vez que os Municípios pequenos podem ter, por força do Texto Constitucional, 21 vereadores, e admitir que um máximo de 21 possa absorver 5% da receita municipal e com renda correspondente a 75% do percebido pelos deputados estaduais é admitir que tal município não poderia existir como ente federativo, pois restaria, para remunerar o resto da Administração e para a prestação de serviços públicos, apenas 95% dos ingressos do burgo" (*Comentários à Constituição do Brasil*. São Paulo: Saraiva, 2002. vol. 3, t. II, p. 210).

[23] O art. 174 da CF está assim redigido: "Art. 174. Como agente normativo e regulador da atividade econômica, o Estado exercerá, na forma da lei, as funções de fiscalização, incentivo e planejamento, sendo este determinante para o setor público e *indicativo para o setor privado*" (grifos meus).

constitucionalidade o referido § 3º, sempre que o limite global for respeitado e os limites parciais obedecerem às especificidades de cada uma das mais de 5.500 pessoas jurídicas de direito público que compõem a Federação Brasileira, principalmente as entidades municipais, com expressa regulação constitucional das despesas com o Legislativo.

É de se lembrar que o art. 29-A não permite que os grandes Municípios destinem recursos superiores a 5% aos Legislativos, prevalecendo, nitidamente, sobre a mera indicação do art. 20, que admite 6%, optando, o mesmo dispositivo, por 8% para os pequenos Municípios.

O § 3º do art. 22, portanto, sobre ferir pacto federativo, impõe restrição não constante da Constituição (art. 169), sendo, a meu ver, de manifesta inconstitucionalidade.[24] E não pode prevalecer sobre as Constituições Estaduais ou leis orgânicas municipais que, pelos arts. 25 e 29 da CF, submetem-se apenas à Constituição Federal e, no caso dos Municípios, às Constituições Estaduais.

Estão os arts. 25 e 29 da CF assim redigidos:

"Art. 25. Os Estados organizam-se *e regem-se pelas Constituições e leis que adotarem, observados os princípios desta Constituição*" (grifos meus);

"Art. 29. O Município reger-se-á por lei orgânica, votada em dois turnos, com o interstício mínimo de dez dias, e aprovada por dois terços dos membros da Câmara Municipal, que a promulgará, *atendidos*

---

[24] Maria Sylvia Zanella Di Pietro vai além, ao escrever: "Pelo § 3º do art. 23, se a redução não for alcançada no prazo estabelecido, o ente não poderá, enquanto perdurar o excesso: I – receber transferências voluntárias, definidas no art. 25; II – obter garantia, direta ou indireta, de outro ente; III – contratar operações de crédito, ressalvadas as destinadas ao refinanciamento da dívida mobiliária e as que visem à redução das despesas com pessoal.

O dispositivo foi além do que estabelece o art. 169, § 2º, da Constituição, que apenas previu, como sanção, a suspensão dos repasses de verbas federais ou estaduais aos Estados, ao Distrito Federal e aos Municípios que não observarem os limites fixados na lei complementar referida no *caput* do dispositivo. As medidas previstas nos incisos II e III não encontram fundamento na Constituição, não só porque impõem restrições nela não previstas como porque interferem com a autonomia financeira dos Estados e Municípios, invadindo ainda matéria de competência do Senado, prevista no art. 52, VII, VIII e IX; esses dispositivos conferem ao Senado competência privativa para dispor sobre limites e condições para as operações de crédito externo e interno da União, Estados, Distrito Federal, Municípios, suas autarquias e demais entidades controladas pelo Poder Público federal; para dispor sobre limites e condições para a concessão de garantia da União em operações de crédito externo e interno; e para estabelecer limites e condições para o montante da dívida mobiliária dos Estados, do Distrito Federal e dos Municípios" (Op. cit., p. 161).

os princípios estabelecidos nesta Constituição, na Constituição do respectivo Estado e os seguintes preceitos: [...] (grifos meus)",
submetendo-se, portanto, neste particular, as entidades federativas, apenas aos arts. 169, 29-A, 25 e 29 da Lei Suprema, mas jamais a uma lei complementar federal, que impõe restrições não constantes da lei suprema.

O § 3º é, portanto, de manifesta inconstitucionalidade quanto à aplicação de sanções ao respeito aos limites globais e acordo entre os poderes, com percentuais variados de destinação de recursos, ultrapassando os limites parciais expostos pelo art. 20 da LRF.

Por esta razão, é que o art. 1º da EC nº 15/99 do Estado de Sergipe não foi declarado inconstitucional, nem em controle difuso, nem, de forma definitiva, no controle concentrado, visto que respeita a Constituição Federal e não está subordinada à Lei de Responsabilidade Fiscal, no que esta restringe faculdades e garantias da Lei Suprema.[25]

O § 3º, todavia, aplica-se à hipótese do § 4º, que *cuida da violação aos limites globais.*

Tal violação é vedada pelo art. 169 da Carta Suprema e pelo arts. 19 e 20 da LRF, sendo, portanto, as sanções constantes do § 3º, aplicáveis a esta hipótese, quando ocorrer.

E, neste caso, nitidamente, a sanção é imediata, como determina o § 4º.[26]

---

[25] Apenas a lei complementar *que explicite e não restrinja direitos* pode ser evocada como limitadora, como já escrevi: "O certo é que, ao determinar o constituinte que as leis ordinárias e a Constituição Estadual subordinam-se aos princípios da Constituição Federal, declara-os subordinados a todos os princípios, inclusive àqueles em que a União interfere na ação dos Estados, por determinação da Lei Maior.

E o princípio de que a norma federal sobre a mesma matéria prevalece sobre a estadual, é evidência, cria de fato níveis de importância, que formalmente inexistiriam, se a teoria das esferas autônomas e não interpenetradas prevalecesse.

Têm, pois, os Estados e o Distrito Federal, uma autonomia legislativa relativa que não pode alterar os princípios constitucionais ou a lei complementar explicitadora subordinando-se a seus ditames" (*Comentários...* cit., vol. 3, t. II, p. 90).

[26] Maria Sylvia Zanella Di Pietro vê grave inconstitucionalidade no § 4º, ao dizer: "A inconstitucionalidade é tanto mais grave no caso da norma do § 4º do art. 23, em cujos termos as restrições do § 32 aplicam-se imediatamente se a despesa total com pessoal exceder o limite no primeiro quadrimestre do último ano do mandato dos titulares de Poder ou órgão referidos no art. 20. O objetivo é suspender as três medidas (recebimento de transferências voluntárias, obtenção de garantia e contratação de operações de crédito), *independentemente de estar ou não dentro dos limites definidos pelo Senado com base nos referidos dispositivos da Constituição*" (grifos meus) (Op. cit., p. 162).

Vamos admitir, entretanto – por mero esforço de argumentação –, que a hipótese *não seja de violação aos limites globais*, mas de singela adaptação – de acordo com as diferenças de toda a natureza, próprias de cada uma das 5.500 entidades federativas do País – aos percentuais acordados entre os poderes, conforme seu peculiar regime ou local interesse, e, mesmo assim, não haveria jamais a possibilidade de aplicação do § 3º do art. 23 *de imediato*, visto que a própria lei outorga aos Estados e aos Municípios *um prazo de dois quadrimestres* para sua adaptação à "vedação inconstitucional", passando as sanções a ser, portanto, aplicadas pela entidade com poder de fazê-lo, após notificação ao ente federativo de que o descumprimento estaria gerando a punição apregoada pelo inconstitucional artigo.

Em outras palavras, não há possibilidade alguma, *desde que se respeitem os limites globais*, de aplicar-se, de imediato, as sanções do § 3º do art. 23 para o primeiro quadrimestre, eis que *a despesa global não foi ultrapassada*.

Neste sentido, parece-me bem colocada a posição do eminente Procurador-Geral em exercício à época, ao dizer, em seu parecer:

"Em uma análise dos artigos adrede referidos, vislumbra-se que a própria Lei, no § 4º do artigo 23, assevera expressamente em que caso específico o prazo para a vigência das sanções se instala imediatamente, sem a necessidade de qualquer notificação ou reconhecimento Administrativo.

Somente – a Lei assim o diz – quando detectado no primeiro quadrimestre do último ano do mandato do gestor, é que o multicitado prazo se verifica independentemente de qualquer ato ou chancela oficial. Nas outras *hipóteses, por não existirem palavras inúteis nos textos legais, do contrário, como a Lei não o prevê, por ilação lógica e exegética, as sanções não podem ser aplicadas* de maneira *imediata, necessitando, dessa sorte,* de ato formal da *Administração consubstanciado em notificação* oficial.

Enfatizando: somente após a notificação oficial ao ente acerca do sobejo dos limites esculpidos pelo artigo 23 da LRF é que se inaugura o prazo de adequação, mais especificamente os 8 (oito) meses. Antes disso, impossível se torna a verificação de qualquer contagem, máxime no caso concreto, quando havia, por parte do Estado de Sergipe e da própria Secretaria do Tesouro Nacional, presunção de higidez nas despesas do Poder Legislativo Estadual.

Assim, novamente discorrendo sobre o caso concreto, não pode ser aplicada qualquer sanção de pronto, mas, ao revés, somente após a detecção oficial da Secretaria do Tesouro Nacional, com a conseqüente notificação do Estado de Sergipe.

Como a própria Lei de Responsabilidade Fiscal determina, somente nos casos do § 4º do artigo 23, ou seja, quando for detectada a exacerbação dos limites no primeiro quadrimestre do último ano de mandato do administrador, é que as sanções podem ser aplicadas imediatamente.

Nos outros casos, logicamente, como a própria Lei revela, as referidas sanções somente começam a fluir após a notificação/ciência de ente que está a descumprir os ditames da LRF insculpidos no seu artigo 23".[27]

A única ressalva que faço é que, a meu ver, só é aplicável o § 3º em caso de descumprimento do limite global das despesas, pois tal descumprimento implica violação do art. 169 da CF. Jamais poderia ser aplicado, se tais limites globais forem respeitados. Entender que o mencionado dispositivo impôs limites parciais obrigatórios para um país tão diverso e diferenciado como o Brasil, resultaria em ferimento do pacto federativo, instituindo restrição inexistente na lei suprema. Neste particular, o § 3º jamais poderá ser aplicado, por ser de manifesta, densa e insanável inconstitucionalidade, a não ser que seja considerado dispositivo veiculador de mera sugestão.

Esta é a inteligência que empresto à questão dos limites com despesas de pessoal plasmado na Lei de Responsabilidade Fiscal.

---

[27] Parecer em meu poder.

A ÉTICA FISCAL EM FACE DA MORALIDADE INSTITUCIONAL E CIDADÃ

João Bosco Coelho Pasin[1]

Por suas dimensões, a *ética fiscal* constitui um tema jusfilosófico – metajurídico, inclusive – ao qual venho dedicando os últimos anos de minha vida, principalmente, desde o momento em que escrevi minha tese de doutoramento junto ao Departamento de Direito Administrativo, Financeiro e Processual da Faculdade de Direito da Universidade de Salamanca (2000-2005).

A monografia defendida com êxito em 2005, sob a orientação de D. Eusebio González García – principal discípulo espanhol de Gian Antonio Michelli e atual presidente da Associação Espanhola de Direito Financeiro –, versou sobre a temática da moralidade tributária.

Neste ensaio, pretendo traçar algumas considerações sobre os principais fundamentos, elementos e conceitos relacionados com a *ética fiscal*. Ressaltando, desde já, que meus apontamentos:

a) não serão exaustivos, isto porque o tema é bem *amplo*;

b) versarão única e exclusivamente sobre aspectos *científicos* do tema, isto é, sobre matizes estritamente acadêmicas; e

---

[1] Doutor em Direitos e Garantias do Contribuinte pela Universidade de Salamanca (Espanha). Mestre em Direito Político e Econômico pela Universidade Presbiteriana Mackenzie. Especialista em Direito Tributário pelo Centro de Extensão Universitária e pela Universidade de Salamanca. Professor Associado na Faculdade de Direito da Universidade Presbiteriana Mackenzie. Advogado e Consultor Tributário. Membro da International Law Association. Membro Associado da Academia Brasileira de Direito Tributário. Secretário Geral da Academia Paulista de Letras Jurídicas. Vice-Presidente da Sociedad Espano-brasileña de Derecho Comparado. Coordenador da *Revista Brasileira de Direito Tributário e Finanças Públicas* da Editora Magister em parceria com o CEU.

c) de nenhuma maneira, abordarão as questões atuais polêmicas, que estão sendo veiculadas pela mídia e defendidas por entidades de classe.

Começo situando o tema: a ética fiscal encontra suas raízes na ética pública e estuda a moralidade tributária. Sendo importante destacar que, por sua vez, a ética pública estuda a moral não só dos membros da sociedade civil, mas, também, do próprio Estado.

É certo que a grande maioria dos autores – principalmente, os nacionais – distingue a *moral institucional* – a moral do Estado e de seus agentes – daquela *moral individual* – a moral comum do cidadão –, mas, também, é certo que outros autores – Andrés Ollero Tassara, José Luis Pérez de Ayala e Eusebio González García, por exemplo – defendem que não há uma diferença substancial entre ambas, até porque elas são impostas pelos mesmos valores. Valores que, na lição do professor australiano de Oxford, o jusfilósofo Jonh Finnis, constituem verdadeiros "absolutos morais".

Do ponto de vista ontológico, a moral – assim como o *direito* ou o *poder* – é una e indivisível. Ela está assentada sobre sólidos pilares, ou seja, sobre valores absolutos e perenes, que se irradiam em diferentes direções norteando as pessoas, a sociedade e, com certeza, o próprio Estado. A classificação dos diferentes tipos de morais seria possível, portanto, apenas para fins meramente didáticos ou especulativos.

Do ponto de vista jurídico, a ética fiscal constitui um capítulo próprio da ética institucional, que também integra o campo de estudo da moral pela filosofia do direito – principal *ferramenta* de pesquisa para a ciência jurídica – e pode ser objeto de positivação pelas normas constantes da ordem jurídica.

Nesta perspectiva, a ética fiscal pode ser definida.

Como expressa o alemão Klaus Tipke, a *ética fiscal* "(...) é a teoria que estuda a moralidade das atuações no campo tributário desenvolvidas pelos Poderes Públicos – Legislativo, Executivo e Judiciário – e pelo cidadão-contribuinte".[2]

Em face desta definição, podemos constatar, à luz do ordenamento jurídico nacional, que, entre nós, a moralidade é um imperativo a ser

---

[2] *Moral tributaria del Estado y de los contribuyentes*. Trad. M. Herrera Molina. Prólogo Juan José Rubio Guerrero. Madrid: Marcial Pons, 2002. p. 21.

seguido não só pelo Estado-fiscal, mas, também, pelo *cidadão-contribuinte*. Digo isto, porque a Constituição Federal de 1988 erigiu a moralidade em *fator qualificado de legalidade* ao instituir – expressamente – no *caput* de seu art. 37 a moralidade como um dos princípios da Administração Pública.

Em verdade, o princípio da moralidade deve ser observado por todas as instituições públicas, por seus agentes e, até mesmo, pelos particulares – notadamente quando estes tenham o dever legal de colaborar com os órgãos públicos. É o caso, por exemplo, dos contribuintes de tributos sujeitos ao lançamento por declaração ou homologação, que devem colaborar com o fisco prestando informações ou antecipando o pagamento do crédito tributário, respectivamente.

O princípio da moralidade não foi inventado pelos constituintes brasileiros de 1988, nem por nossos autores. Sua origem científica remonta ao direito institucionalista dos franceses. Foi Maurice Hauriou (1856-1929) que, no início do século passado, identificou uma importante necessidade: o exame não só da legalidade, mas, também, da moralidade dos atos públicos nos procedimentos habilitados pelo Conselho de Estado francês, com o fim de controlar toda e qualquer forma de desvio de poder.[3] O que reconhece Maurice Hauriou, com esta idéia, é a existência de uma regra de moralidade institucional a ser seguida por todos os órgãos do Estado e pelos seus agentes.

Esta concepção – do *pai* do institucionalismo moderno – não se perdeu no tempo e chegou ao mundo lusófono.

Na segunda metade do século XX, o português António José Brandão – o tradutor à língua portuguesa das principais obras de Giorgio Del Vechio[4] – publicou um artigo sobre a moralidade administrativa. Tal artigo foi primeiramente publicado em Portugal e depois no Brasil pela *Revista de Direito Administrativo*, em 1951.[5] As idéias expostas no artigo foram acolhidas pelos autores brasileiros, principalmente, por alguns de nossos grandes administrativistas de primeira geração.

---

[3] La declaration de volonte dans le droit administratif français. *Revue Trimestrielle de Droit Civil*, vol. 3, Paris, p. 576, 1903.

[4] *Lições de filosofia do direito*. 5. ed. Trad. António José Brandão, da 10ª edição italiana. Coimbra: Arménio Amado, 1979.

[5] *RDA*, nº 25, Rio de Janeiro, Fundação Getúlio Vargas (FGV), p. 455, jul.-set. 1951.

Hely Lopes Meirelles,[6] Manoel de Oliveira Franco Sobrinho e Oswaldo Aranha Bandeira de Mello[7] – só para citar alguns nomes – podem ser considerados os pioneiros no estudo da moralidade administrativa no direito brasileiro.

Hely Lopes Meirelles fez referência ao tema da moralidade administrativa já na primeira edição de seu *Curso de direito administrativo*, que foi editada em 1964. Manoel de Oliveira Franco Sobrinho dedicou uma monografia relacionada diretamente ao tema. E Oswaldo Aranha Bandeira de Mello considerou a moralidade como um princípio não só de direito administrativo, mas, também, norteador de toda a atividade humana.

Seguindo nossa melhor doutrina, a atual Constituição Federal de 1988 – como já adiantei – foi a primeira a consagrar o princípio da moralidade de forma expressa.

Daí, pois, vieram algumas significativas conseqüências.

No âmbito jurisprudencial, os ministros do Supremo Tribunal Federal – apoiados nas idéias de Jesús González Pérez sobre o princípio geral da boa-fé – já reconheceram o princípio da moralidade como um verdadeiro mandado de probidade, que, no âmbito aplicativo, deve realizar a justiça, até mesmo fora dos limites objetivos impostos pela estrita e objetiva legalidade.[8]

---

[6] *Direito administrativo brasileiro*. São Paulo: RT, 1964.

[7] *O controle da moralidade administrativa*. São Paulo: Saraiva, 1974.
Lúcia Valle Figueiredo destaca:
"Coube ao ilustre Prof. Manoel de Oliveira Franco Sobrinho, paranaense, o mérito de ter abordado o tema no direito brasileiro, e nele insistido, há muito tempo, com sua monografia *Controle da moralidade administrativa*.
O caríssimo e saudoso Prof. Oswaldo Aranha Bandeira de Mello também considerava a moralidade como princípio da Administração Pública. Assim é que, em sua monografia *Da licitação* (1978), dez anos antes da Constituição democrática de 1988, já averbava: 'Sujeita-se, também, à ordem moral, metajurídica' (está a se referir à licitação), 'mas a que toda ciência prática, do agir humano, se acha *subalternada*, embora independente dela, tendo em vista o fim de cada uma de harmonizar-se com o daquela, qual seja, a *honestidade de propósitos*, e, no caso, portanto, o princípio da *moralidade administrativa*, da probidade administrativa. Por certo, não é princípio peculiar do direito administrativo, mas de toda atividade humana, e, assim, da negocial, a que se há de ligar razões de utilidade econômico-financeira e de moralidade'" (*Curso de direito administrativo*. 5. ed. São Paulo: Malheiros, 2001. p. 54).

[8] STF – 2ª T. – RE nº 160381/SP – rel. Min. Marco Aurélio – j. 29-3-1994 – v. u.; STF – ADIn nº 2661/MA – rel. Min. Celso de Mello – j. 5-6-2002.

A ÉTICA FISCAL EM FACE DA MORALIDADE INSTITUCIONAL E CIDADÃ

No Brasil, a aplicação do princípio de moralidade no campo fiscal foi discutida por ocasião do XXI Simpósio Nacional de Direito Tributário, coordenado pelo professor Ives Gandra da Silva Martins e realizado em 1996.[9] O tema também foi discutido em 2002 no IV Colóquio Internacional de Direito Tributário, que foi realizado em Buenos Aires, na Universidad Austral, e versou sobre a fraude fiscal e a moralidade administrativa.[10]

Na minha tese, identifiquei que, na Espanha – onde o princípio da moralidade não se encontra consagrado de forma expressa –, o Tribunal Constitucional reconhece o desvio de poder apenas e tão-somente como um vício de estrita legalidade e de nenhuma maneira como um vício de moralidade administrativa.[11] Por sua vez, apontei que o Tribunal Supremo espanhol estabelece que a defesa da ética nunca pode estar

---

[9] Participaram do evento os seguintes autores: Ives Gandra da Silva Martins (coordenador), Min. Moreira Alves (conferencista inaugural), Min. Luiz Vicente Cernicchiaro, Aristides Junqueira Alvarenga, Diva Malerbi, Hugo de Brito Machado, Maria Teresa de Almeida Rosa Cárcomo Lobo, Celso Ribeiro Bastos, Wagner Balera, José Eduardo Soares de Melo, Valdir de Oliveira Rocha, Marilene Talarico Martins Rodrigues, Vittorio Cassone, Antonio Manoel Gonçalez, Elizabeth Lewandowski Libertucci, Oswaldo Othon de Pontes Saraiva Filho, Gustavo Miguez de Mello, Gabriel Lacerda Troianelli, Plínio José Marafon, Maria Helena Tavares de Pinho Tinoco Soares, José de Oliveira Messina e Paulo de Lorenzo Messina.

[10] IV Colóquio Internacional de Direito Tributário. Buenos Aires: La Ley, Centro de Extensão Universitária, Universidad Austral, 2002. Coord.: Alejandro C. Altamirano, Ives Gandra da Silva Martins, Alejandro M. Linares Luque y Cecília Maria Marcondes Hamati. Os autores do Tema "I" foram: Aurélio Pitanga Seixas Filho (Brasil), Carlos Henrique Abrão (Brasil), Carlos Valder Nascimento (Brasil), Cecília Maria Pietra Marcondes (Brasil), Clemente Checa González (Espanha), Fábio Junqueira de Carvalho (Brasil), Felix Guerrieri (Argentina), Fernando Facury Scaff (Brasil), Hamilton Dias de Souza (Brasil), Jimir Doniak Junior (Brasil), João Bosco Coelho Pasin (Brasil), José Antonio Francisco (Brasil), José Neyra (Argentina), José Ruben Marone (Brasil), Juan Manuel Álvarez Echagüe (Argentina), Kiyoshi Harada, Luis María Mendez (Argentina), Marcelo Borghi (Brasil), Maria Inês Murgel (Brasil), Marilene Talarico Martins Rodrigues (Brasil), Paulo Lucena de Menezes (Brasil), Ramón E. Pena (Argentina), Rogério Gandra Martins (Brasil), Rosana Ninzoti Luro (Brasil), Tarcísio Neviani (Brasil), Yoshiaki Ichihara (Brasil) e Zelmo Denari (Brasil).

[11] Neste sentido: RJ [1996]1856. Sentencia del Tribunal Supremo español (Sala de lo Contencioso-Administrativo, Sección 5ª.) de 04 marzo. Ademais, Eduardo García de Enterría observa: "La técnica de los principios generales del derecho, aparte de su valor propio en todo el ámbito jurídico como técnica de superación del positivismo legalista, que pretendía reducir todo el derecho a la simple exégesis de las leyes escritas, ha tenido un desenvolvimiento espectacular precisamente en el derecho público. En el caso del derecho administrativo esta fuente peculiar del derecho se generaliza y se extiende, con toda deliberación, en la jurisprudencia del Consejo de Estado francés a partir de esta segunda posguerra como técnica de control de la Administración y precisamente de su actuación discrecional. (...)

contra a defesa do direito.[12] Nesta linha, o Tribunal Supremo espanhol vem reconhecendo, por exemplo, a aplicação eqüitativa dos princípios gerais do direito – verdadeiros fundamentos de justiça – com o fim de orientar o exercício da discricionariedade administrativa no sentido da realização da justiça.

O professor Andrés Ollero Tassara observa que "en el ámbito español se pone también de manifiesto la necesidad de trascender las normas legales para lograr una efectiva realización del derecho", sem antes deixar de enfatizar que "(...) la jurisprudencia reiterada del Tribunal Supremo ha refrendado la teoría del abuso del derecho y abierto

---

El Consejo de Estado mantuvo esta posición tras la Constitución de la República de 1958 en cuestiones esenciales: así con relación a la validez de los Reglamentos independientes, directamente ordenados a la Constitución, y a los que no es posible poder reprochar infracción de Ley, por tanto, pero sí – y aquí está una de las aportaciones sustanciales de la jurisprudencia del Consejo de Estado – infracción de los principios generales del Derecho; y más espectacularmente aún, en el supuesto del artículo 16 de esa Constitución, asunción por el Presidente de la República de todos los poderes en situación excepcional (similar a la habilitada por el famoso artículo 14 de la Constitución de Weimar, que consagraba la 'ditadura constitucional' del Presidente, en la famosa caracterización de Carl Schimitt, y que fue el artículo preciso sobre el que Hitler instauró su poder) no exime el Presidente de la observancia de los principios generales del Derecho, posición desde la cual el Consejo de Estado no dudó en anular una condena de muerte ¡ya firme y pendiente de ejecución! Acordada por un Tribunal de excepción creado en virtud de una Ordenanza dictada por el General de Gaulle en uso de dichos poderes, Ordenanza que alta jurisdicción entendió que violaba tales principios.

La Ley española de la jurisdicción contencioso-administrativa acogió resueltamente esta corriente, al sustituir sistemáticamente la expresión 'infracción de la Ley', y explicar luego en su Exposición de Motivos que lo jurídico no se encierra y circunscribe a las disposiciones escritas, sino que se extiende a los principios y a la normatividad inmanente en la naturaleza de las instituciones'. Parece innecesario precisar cómo la jurisprudencia ha seguido fielmente esta concepción.

Tras la Constitución de 1978 la cuestión admite menos duda todavía. La Constitución instala una jurisprudencia de valores, entre los cuales se califican de 'superiores' todos los derechos fundamentales – la libertad, la igualdad – (art. 1.1), además de la justicia misma. Hay un mandato expreso a todos los poderes públicos, y por lo tanto el juez, de hacer esos valores 'reales y efectivos' y de 'remover los obstáculos que impidan o dificulten su plenitud' (art. 9.2). Por otra parte, en fin, la Constitución formula expresamente 'principios', así llamados (9.3), los cuales, expresos en esa enumeración o dispersos por otros lugares de su articulado, tienen pleno valor normativo, como el Tribunal Constitucional se ha cuidado de establecer desde su primera Sentencia de inconstitucionalidad, la de 2 de febrero de 1982 ('valor aplicativo y no meramente programático')" (*Democracia, jueces y control de la administración*. 4. ed. Madrid: Civitas, 1998. p. 146-148).

[12] Vide RJ 1984/4660. Sentencia del Tribunal Supremo (Sala de lo Contencioso-Administrativo) de 04 de julio de 1984.

cauces a un posible juego de los principios generales del derecho como control equitativo de la discrecionalidad administrativa".[13]

À nitidez, a *ética fiscal* constitui um imperativo vinculado ao princípio da moralidade, mas o seu estudo nem sempre esteve restrito ao pensamento institucionalista lançado por Maurice Hauriou.

No passado, Amilcare Puviani (1854-1907) – economista e professor da Universidade de Perugia –, publicou, em 1903, obra[14] na qual – baseado na doutrina de Nicollò Machiavello – defende que o fenômeno impositivo-tributário é um fenômeno utilitarista, basicamente, hedonista. Em sua teoria, Puviani defende que a imposição tributária tem uma finalidade hedonista, uma vez que a ação contributiva das massas – de sacrifício econômico – não encontra satisfação em razão dos insuficientes benefícios públicos prestados pelo ente político. A visão crítica – e, ao mesmo tempo, pessimista – de Puviani decorre em última análise de um materialismo histórico, que se vincula ao fenômeno financeiro, como um aspecto da luta pelo fim das desigualdades sociais de sua época e país. Além do hedonismo financeiro de Puviani, outros três movimentos marcaram o estudo da *ética fiscal* no século XX:

– a *Psicologia financeira* de Günter Schmölders (1903-1991) – professor na Universidade de Colônia;[15]

– o *Idealismo financeiro* de Luigi Vittorio Berliri (1905-†);[16] e

---

[13] *Interpretación del derecho y positivismo legalista*. Madrid: Revista de Derecho Privado, Derecho Reunidas, Edersa, 1982. p. 138-145. (Serie Manuales).

[14] *Teoria sobre a ilusão financeira*. Trad. Álvaro Rodríguez Bereijo. Madrid: Instituto de Estudios Fiscales, 1972. (Coleção Obras Básicas de Hacienda Pública).

[15] De la psicología social del impuesto a una psicología financiera general. *Revista Española de Derecho Financiero y Hacienda Pública*, vol. 12, nº 48, Madrid: Derecho Financiero, dez. 1962; La investigación del comportamiento humano en la hacienda pública. *Hacienda Pública Española*, nº 34, volume Psicología y Sociología Financiera. Madrid: Instituto de Estudios Fiscales, Ministerio de Hacienda, 1975; Lo irracional en la hacienda pública. *Problemas de psicología financiera*. Trad. José Maria Martín Oviedo. Madrid: Derecho Financiero, 1965; e *Teoría general del impuesto*. Trad. Luis A. Martín Merino. Madrid: Derecho Financiero, 1962.

[16] Luigi Vittorio Berliri participou da elaboração da Constituição italiana de 1947 ao lado de Vanoni, Steve, Stammati, Michelli, Caffè, Angiolillo, Parravicini e De Gregorio, como destaca seu irmão Antonio Berliri por ocasião de uma nota, que constou da reimpressão de *Giusta imposta* no ano de 1974 (*El impuesto justo*. Prólogo Luigi Einaudi. Madrid: Instituto de Estudios Fiscales, 1986. p. 13).

– a *Racionalidade financeira* de Fritz Neumark (1900-1991) – professor em Frankfurt.[17]

A *Psicologia financeira* foi responsável por pesquisar a moralidade tributária – uma moral essencialmente individual – a partir de uma análise realizada sobre o perfil dos contribuintes. Günter Schmölders escreveu uma teoria da moral fiscal, na qual:

a) formulou uma concepção da justiça fiscal, como sentimento experimentado pelo contribuinte;

b) considerou os diferentes níveis de pressão fiscal exercida sobre os contribuintes; e

c) apontou a possibilidade de "resistência aos impostos" gerada diante da sensação de injustiça experimentada pelos contribuintes em função do nível da carga tributária.

O pensamento de Günter Schmölders deriva de linha de pesquisa vinculada com uma vertente da psicologia moderna, que se funda na análise do comportamento individual do ser humano (cidadão-contribuinte) em certos e determinados grupos sociais (Estado-fiscal). Para o autor, o fenômeno impositivo é uma arte, que deve ser responsável pela imposição de uma carga tributária equilibrada em função de uma técnica fiscal norteada pela mentalidade das massas e pelos fins de cada nação. Günter Schmölders foi o precursor de vários estudos sobre a temática não só na Alemanha, mas, também, na França.

La giusta imposta (1945) – *El impuesto justo*[18] – de Luigi Vittorio Berliri foi publicada sob o império do Estatuto Albertino, ou seja, com anterioridade à Constituição italiana de 1947. A monografia do autor italiano pode ser considerada, por suas sólidas bases, como uma construção jurídico-financeira, que se refere diretamente ao campo tributário. De forma geral, a obra de Luigi Vittorio Berliri apresenta uma concepção do estado jurídico ideal da imposição – o imposto (ser) justo (dever-ser) em sua dinâmica (práxis) – a partir de uma análise vinculada ao cotidiano e expressada por uma linguagem natural e simples, que de nenhuma maneira reduz o valor científico de seu trabalho.

---

[17] *Principios de la imposición*. 2. ed. Trad. Luis Gutiérrez Andrés. Madrid: Ministerio de Economía y Hacienda – Instituto de Estudios Fiscales, 1994.

[18] *El impuesto justo*. Trad. Fernando Vicente-Arche Domingo. Prólogo Luigi Einaudi. Madrid: Instituto de Estudios Fiscales, 1986.

O autor adverte que "(...) la 'justicia' a la que nos referiremos en este libro no es la 'justicia perfecta' de esos doctrinarios descubridores de fórmulas (...) La justicia de la que se quiere hablar será, por el contrario, la justicia 'común y corriente' del hombre de la calle, la que no se demuestra mediante el cálculo sublime (...)".[19] Contudo, Luigi Vittorio Berliri não deixa de ser um idealista com suas idéias. A justiça é, para Luigi Vittorio Berliri, não só distributiva, principalmente, no que se refere à repartição dos gastos públicos entre os membros da sociedade civil – resultado da "correspondencia entre relaciones de sacrificio e interés" –, mas, tambem, uma "necesidad" assimilada pelo contribuinte por meio do "fuero íntimo de su conciencia ético-jurídica".[20] De todos os modos, o autor italiano afirma que "(...) el problema del 'impuesto justo' ha de plantearse no en abstracto, sino en concreto, es decir, preguntándose si es posible elaborar, y cómo, un mecanismo tributario que, de acuerdo con índices y criterios 'justos', logre implantar una determinación y control eficientes de los objetos imponibles".[21] *O impuesto justo* de Luigi Vittorio Berliri coloca em evidência o *princípio do interesse*, que se funda no *sacrifício econômico* do contribuinte.[22] Contudo, o autor não abandona a idéia de contraprestação expressa de forma direta pelo *princípio do benefício*. Em definitivo, a obra de Luigi Vittorio Berliri representa uma "teoria sobre a justiça impositiva", que se nutre da "dinâmica distributiva do sistema tributário" ressaltada em função de sua "essência econômica" e "repercussão social", bem como de suas "bases jurídicas".[23]

Fritz Neumark (1900-1991) desenvolveu o tema da justiça fiscal no campo do direito financeiro com especial atenção aos fun-

---

[19] Idem, p. 28-29.
[20] Idem, p. 31 e 89.
[21] Idem, p. 36.
[22] Neste sentido: Luigi Einaudi [Prólogo. In: BERLIRI, Luigi Vittorio. *El impuesto*.... cit., p. 22]; e Carlos Solchaga Catalan [Presentación. In: BERLIRI, Luigi Vittorio. *El impuesto*.... cit. p. 11].
[23] "En verdad, la 'imposición' es un fenómeno trascendente al propio derecho tributario, porque posee sus bases pre-jurídicas en el campo de la economía – desde una óptica ontológica, el 'hecho imponible' presentase como un 'hecho económico', según Ives Gandra da Silva Martins (cf. Teoria da imposição tributária. *Curso de direito tributário*. 7. ed. Coord. São Paulo: Saraiva, 2000, p. 1-2) – y sus fundamentos axiológicos en ciertos principios de derecho financiero como, por ejemplo, aquéllos descritos por Fritz Neumark, que deben servir de guía para la elaboración de las normas jurídicas con naturaleza tributaria" (*Principios de la imposición*. 2. ed. Trad. Luis Gutiérrez Andrés. Madrid: Ministerio de Economía y Hacienda – Instituto de Estudios Fiscales, 1994).

damentos técnicos – todavia, o autor não se afasta dos princípios dogmáticos – necessários para a configuração de um sistema tributário equilibrado. Sua participação como presidente da Comissão de Harmonização Fiscal do Comitê Financeiro da Comunidade Econômica Européia (1960-1962), por exemplo, foi decisiva para o nascimento das bases do atual sistema de fiscalidade da União Européia e, com anterioridade, para a etapa de transição dos sistemas de fiscalidade de seus países membros. Tanto é, assim, que o principal documento elaborado pelo referido comitê ganhou notoriedade entre a doutrina, sendo conhecido como Informe Neumark (1962).[24] A importância do Informe Neumark[25] – talvez, um dos documentos mais citados entre os estudiosos da Fazenda Pública nas últimas décadas – decorre de seu espectro principiológico. O documento reúne em seus tópicos muitos dos corolários dos princípios de justiça, que se referem de forma particular aos fundamentos da imposição. Fritz Neumark reconhece seis postulados vinculados diretamente ao direito tributário entendido como *técnica fiscal*, que são os seguintes:

---

[24] *Rapport du Comité fiscal et financier.* Presidente Fritz Neumark. Bruxelas: Comunidade Éconômica Européia, 1962.
[25] José Luis Pérez de Ayala e Miguel Pérez de Ayala Becerril dizem:
"El informe Neumark (1962) supuso la primera gran reflexión sobre el proyecto de armonización fiscal comunitaria y en general, puede decirse que su filosofía harmonizadora aún se mantiene, al menos, en el área de la imposición indirecta. Las líneas de actuación que se deducían del informe pueden resumirse en las que a continuación se indican:
1. Predominio absoluto de la imposición indirecta en la línea armonizadora para limitar las distorsiones al comercio y la competencia desleal de los productos nacionales.
2. Concepción 'etapista' del proceso armonizador. Los avances se harían paso a paso.
3. El IVA se configuraba como el tributo estrella de la armonización fiscal.
Sus características eran la más apropiadas en un mercado integrado:
– Neutralidad respecto a las decisiones económicas.
– Proporcionalidad en la carga tributaria.
– Desgravaciones a la exportación.
4. Las 'accisas' o impuestos especiales debían armonizarse a la par que el IVA, reduciendo su número y simplificando sus características, así como homogeneizándolas en el territorio comunitario.
5. El *'droit d'apport'* no era un tributo racional y debería, en consecuencia, suprimirse.
Todo este planteamiento debería ir dirigido por el órgano motor de la Comunidad, la Comisión de las Comunidades Europeas" (*Fundamentos de derecho tributario*. 5. ed. Madrid: Derecho Reunidas, 2002. p. 402-403).

– congruência;[26]

– transparência;[27]

– factibilidade;[28]

– continuidade;[29]

– *baratura* (economicidade);[30] e

– comodidade.[31]

Postas todas estas considerações, ressalto que a *ética fiscal* é um tema de muita importância no direito. Contudo, não vem recebendo a devida atenção de nossos autores, principalmente, porque:

---

[26] O referido mandado "(...) exige una estructura del sistema fiscal en su totalidad y en sus particularidades de tal naturaleza que, de un lado, no se desatienda por entero o en su mayor parte éste o aquel objetivo perseguido por otros principios de la política fiscal como consecuencia de la existencia de lagunas en tanto que, simultáneamente, se preste una atención unilateral (desmesurada) a los objetivos perseguidos por otros principios y que, por otra parte, no haya contradicción ninguna entre cada una de las diferentes medidas tributarias" (*Principios de la imposición*. 2. ed. Trad. Luis Gutiérrez Andrés. Madrid: Ministerio de Economía y Hacienda – Instituto de Estudios Fiscales, 1994. p. 357).

[27] Este postulado "(...) exige que las leyes fiscales en sentido amplio, es decir, con inclusión de los reglamentos ejecutivos ('regulations'), directrices, etc., se estructuren de manera que presenten técnica y jurídicamente el máximo posible de inteligibilidad y sus disposiciones sean tan claras y precisas que excluyan toda duda sobre los derechos y deberes de los contribuyentes, tanto en éstos mismos como en los funcionarios de la Administración Tributaria, y con ello la arbitrariedad en la liquidación y recaudación de los impuestos" (Idem, p. 366).

[28] Impõe o "(...) postulado de que se configure la política fiscal, en sus principios generales y en sus particularidades, de manera que sus medidas y los objetivos que con ellas persiguen satisfagan la comprensión intelectual y las tendencias políticas del sujeto pasivo medio (típico), por una parte, y las atribuciones institucionales y materiales de los órganos de exacción, recaudación y control, por otra, resultando así eficazmente aplicables y practicables" (Idem, p. 380).

[29] Citado princípio estabelece a "(...) exigencia de que las disposiciones contenidas en las leyes fiscales, en los reglamentos, etc., cuya modificación a corto plazo no resulte imperativa por razones derivadas de los objetivos perseguidos con los principios de capacidad de adaptación y de flexibilidad activa de la imposición, no se modifiquen más que después de grandes intervalos de tiempo y, en lo posible, en el marco de reformas generales y sistemáticas" (Idem, p. 387-388).

[30] Determina "(...) la composición de un sistema fiscal y la estructuración técnica de sus elementos han de llevarse a cabo de manera que los gastos vinculados a la exacción, recaudación y control, bien sean a cargo de los organismos públicos o de los sujetos pasivos, no sobrepasen en conjunto el mínimo que resulte imprescindible para atender debidamente los objetivos político-económicos y político-sociales de rango superior de la imposición" (Idem, p. 395-396).

[31] Determina que "(...) deberán estructurarse las disposiciones de cada impuesto, en cuanto a las obligaciones de los sujetos pasivos relacionadas con el cálculo y pago de la deuda tributaria, de manera que se les conceda a éstos todas las facilidades posibles previa observancia de los principios impositivos de rango superior" (Idem, p. 403).

a) o estudo da *moral* no meio jurídico – especialmente, no âmbito tributário – enfrenta muitos preconceitos e acaba sendo marginalizado; e

b) a tarefa de tentar definir e determinar o alcance do princípio da moralidade no direito tributário é das mais difíceis – mesmo à luz da Constituição Federal de 1988.

Neste sentido, Albert Hensel – com sua clássica obra *Diritto tributario (Steuerrecht)* na epígrafe sobre os fundamentos do direito tributário administrativo[32] – afirma que a *moral tributaria* constitui um importante pressuposto da Administração Tributária, ainda que careça de conformação positiva.

A advertência do autor destaca a importância do fundamento ético da imposição, que não pode ser apenas formalista.

Em verdade, o *direito estatal de impor tributos* deve estar apoiado nos princípios de justiça que determinam os fundamentos suficientes para uma justa imposição. Do contrário, a moralidade tributária seria afetada e, com certeza, o dever fundamental de pagar tributos, em especial, no que se refere aos direitos e garantias dos cidadãos-contribuintes.

Além disto, cabe salientar a lição de Fernando Sainz de Bujanda, que soube assinalar com propriedade que "la justicia tributaria, así como cualquier otra de las manifestaciones de la actividad financiera tiene una dimensión ética, que no puede ser ignorada por los cultivadores del derecho financiero".[33]

---

[32] *Diritto tributario*. Trad. Dino Jarach. Milão: Giuffrè, 1956. p. 161-163.
[33] Estudios de Administración. *Hacienda y derecho,* Reimp. Madrid: Instituto de Estudios Políticos, 1975. vol. 1.

RESPONSABILIDADE SOCIAL E ASPECTOS JURÍDICOS DA OMISSÃO DA ANOTAÇÃO DE CONTRATO DE TRABALHO EM CTPS

José Carlos Francisco[1]

O sistema democrático buscado por muitas sociedades desde o final do século XVIII d.C. assenta-se em valores que, de um lado, reconhecem a todos os indivíduos um conjunto de prerrogativas fundamentais para a realização da dignidade humana, mas, de outro, impõe também obrigações igualmente fundamentais a cada um desses indivíduos.

Com efeito, quando deixamos de ser súditos, alcançamos a condição de cidadãos, o que nos dá direitos e garantias fundamentais, mas nem por isso estamos dispensados de cumprir deveres fundamentais. No conjunto desses deveres ou responsabilidades fundamentais, há o cumprimento aos comandos legais que dão o padrão básico das regras de convivência, revelando aspectos éticos sem os quais a vida em sociedade se mostraria insustentável.

Dentre as obrigações ou responsabilidades fundamentais, para o objeto deste estudo, destacamos o dever legal de o empregador (pessoa física ou jurídica, e ainda entes despersonalizados) efetuar a anotação do contrato de trabalho da Carteira de Trabalho e da Previdência Social (CTPS). Observamos que essa anotação é uma obrigação fundamental pela envergadura do contrato regular do trabalho, justamente porque a valorização do trabalho foi elevada à categoria de fundamen-

---

[1] Mestre e Doutor em Direito Constitucional pela Universidade de São Paulo (USP). Professor na Universidade Mackenzie-SP. Professor no Curso FMB. Diretor do Instituto Brasileiro de Estudos Constitucionais (IBEC). Juiz Federal na 3ª Região.

to do Estado Democrático de Direito pelo art. 1º, IV, da Constituição, que também classifica a matéria como princípio fundamental do sistema jurídico-social contemporâneo. Além disso, a repercussão tributária da anotação na CTPS (em especial quanto ao recolhimento das contribuições sociais pertinentes, destinadas ao custeio do sistema de seguridade) evidencia a importância da matéria, e que não é exagero falar em dever fundamental.

Ocorre que, na realidade concreta, é tristemente comum a omissão do empregador no que concerne a esse registro de trabalho na CTPS do empregado. Esse comportamento não é novo, e, por isso, há anos procuramos uma melhor solução para o problema (que, no caso de trabalho doméstico, apenas tem alguns outros contornos peculiares).

Procurando os motivos pelos quais não é feita a devida anotação na CTPS, embora seja categórica a necessidade desse registro, por parte do empregador, os motivos que podem lhe interessar não parecem razoáveis ao cidadão de caráter, pois gravitam em motivos como evitar o pagamento de pensões judiciais, furtar o conhecimento de relações de trabalho que possam ser vedadas em razão de outros compromissos (tais como incompatibilidades relativas a serviço público) etc. No caso de emprego doméstico, o trabalhador pode não querer o registro por motivos tais como "manchar" sua CTPS, embora o trabalho não seja vergonha para qualquer pessoa, mas, ao contrário, representa traço de valor e de dignidade porque denota o honesto meio de prover a sobrevivência.

Por parte do empregador, quando ele não cede exclusivamente aos motivos do empregado, as razões que podem movê-lo a omitir o registro em CTPS parecem estritamente ligadas ao tema dos ônus que incidem no contrato de trabalho regularizado (o que também interessa ao empregado, à evidência). São manifestas as críticas feitas aos encargos sociais, trabalhistas e tributários que incidem sobre a folha de pagamentos de empregados, o que tem servido de motivação para, ainda hoje, muitos contratos de trabalho ficarem à margem do necessário registro.

Se, de um lado, os empregadores e os empregados podem fugir do registro em CTPS, de outro lado, é muito comum os mesmos (especialmente os empregados) buscarem o sistema de seguridade (ainda mais no tocante a benefícios previdenciários). Todavia, para custear as prestações e serviços do sistema de seguridade, por óbvio que se fazem necessárias as prestações pecuniárias que não foram recolhidas em razão da omissão no registro da CTPS. É verdade que, em muitos casos, os benefícios previdenciários acabam sendo concedidos (com base em início de prova documental, nos termos da Súm. nº 149 do E. STJ), mas sem a fonte de financiamento necessária, pois essa foi mutilada pela omissão no recolhimento de contribuições previdenciárias, para o que a fiscalização foi prejudicada em razão da omissão no registro da CTPS.

Pois, é essa conduta, atinente à omissão no registro da CTPS, que a doutrina e a jurisprudência, ainda hoje, estranhamente apontam como conduta atípica para fins de aplicação da lei penal. Admitimos que essa omissão é fato corriqueiro, provavelmente constatada freqüentemente nas varas trabalhistas, mas nem por isso torna-se menos reprovável. Os pequenos furtos podem ser comuns, mas não são aceitáveis em sociedades cujo padrão ético e moral se assenta em valores como a cidadania e a dignidade humana.

Admitimos que há casos nos quais a omissão no registro da CTPS possa não ter o propósito de evitar os encargos em folha (por exemplo, no caso da empregada doméstica que já é beneficiária do INSS, não haverá justificativa para novos encargos previdenciários caso os benefícios não sejam cumuláveis, bem como não há obrigatoriedade no recolhimento de FGTS). Todavia, via de regra, a intenção do empregador que omite o registro na CTPS de seu empregado é minimizar seus encargos, especialmente o tributário, daí por que nos parece que essa conduta foi punível como delito de sonegação, vale dizer, atualmente, pela Lei nº 8.137/1990 (mas admitimos inexistir referência na jurisprudência a esse respeito).

Contudo, a Lei 9.983, *DOU* 17-7-2000 (cuja eficácia se deu após 90 dias de sua publicação) inseriu o art. 337-A no CP, cujos elementos são, especificamente, suprimir ou reduzir contribuição social previdenciária e qualquer acessório, mediante as seguintes condutas: I – omitir de folha de pagamento da empresa ou de documento de informações previsto pela legislação previdenciária segurados empregado, empresário, trabalhador avulso ou trabalhador autônomo ou a este equiparado que lhe prestem serviços; II – deixar de lançar mensalmente nos títulos próprios da contabilidade da empresa as quantias descontadas dos segurados ou as devidas pelo empregador ou pelo tomador de serviços; e III – omitir, total ou parcialmente, receitas ou lucros auferidos, remunerações pagas ou creditadas e demais fatos geradores de contribuições sociais previdenciárias. Para tais condutas, foi prevista pena de reclusão de dois a cinco anos, e pena de multa.

Acreditamos que não fazer a devida anotação de contrato de trabalho de empregado na CTPS do mesmo importa em suprimir contribuição social previdenciária e qualquer acessório, mediante omissão de documento de informações previsto pela legislação previdenciária quanto a segurados que lhe prestem serviços. Em razão do bem jurídico tutelado, também acredito que esse art. 337-A do CP aplica-se aos empregadores pessoas físicas, revelando-se como crime de sonegação de contribuição previdenciária, com características de crime material ou de resultado.

Note-se que o crime descrito no citado artigo cuida de sonegação de contribuição previdenciária devida pelo empregador na qualidade de contribuinte da exação, conduta diversa da apropriação indébita previdenciária prevista no art. 168-A do mesmo Código (que trata de exações descontadas dos pagamentos feitos aos empregados e não recolhidas ao erário, de maneira que o empregador figura como responsável tributário). Por óbvio que a conduta do art. 337-A do CP não deve ser confundida com a prisão civil por dívida (admitida em circunstâncias excepcionais pelo sistema constitucional e legal), pois a conduta punível é a odiosa omissão no recolhimento de contribuição previdenciária, vital para o financiamento da seguridade social.

Contudo, curiosamente, não encontramos amparo concreto na jurisprudência a esse entendimento pessoal sobre a matéria, talvez porque os elementos do art. 337-A do CP não incluam a omissão na CTPS (e sim, apenas em registros contábeis e documentos previdenciários) ou talvez porque a conduta seja dirigida apenas às pessoas jurídicas ou pessoas físicas que operem como empresas. Todavia, numa linguagem direta, omitir dados sobre contratos de trabalho em registros contábeis e documentos previdenciários (que se destinam a fins privados e também públicos, pois servem de parâmetro para a fiscalização tributária) parece ostentar o mesmo grau de reprovação daquele que omite dados em CTPS (aliás, documento com visíveis contornos públicos, até porque é expedido por órgãos públicos).

De outro lado, uma vez inaplicáveis ao presente comportamento a Lei nº 8.137/1990 e o art. 337-A do CP, ao menos a omissão de registro de contrato de trabalho na CTPS poderia ensejar a aplicação do contido no art. 297, § 4º, do mesmo CP (na redação da Lei nº 9.983/2000).

Omissão da anotação de contrato de trabalho em CTPS

Particularmente, acreditamos que a omissão ou a adulteração leva ao mesmo resultado concreto, qual seja, a inexatidão dos dados contidos no documento público, daí por que, de alguma maneira, o ato omissivo gera uma modalidade de falsidade. Contudo, no entendimento da ilustrada maioria, há atipicidade da conduta descrita nos autos na hipótese do art. 297, § 4º, do CP, por motivos tais como a inexistência de modificação da autenticidade, da incolumidade física do documento e de sua função probatória.

Se o trabalho for prestado em condições subumanas (análogas às de escravo), sem observância das leis trabalhistas e previdenciárias, há tipificação como crime contra a organização do trabalho (de competência da Justiça Federal), pois essa conduta afeta coletivamente as instituições trabalhistas. No entanto, a mera conduta omissa relativa ao registro de contrato de trabalho em CTPS ficaria restrita às multas administrativas (tais como a prevista no art. 47 da CLT) e, quando muito, aos ônus de uma eventual condenação judicial trabalhista.

Na doutrina ou na jurisprudência, os entendimentos não dão amparo consistente às nossas convicções pessoais sobre a matéria, talvez porque a posição dominante conclua no sentido de que a omissão no registro de trabalho em CTPS não seja ato reprovável a ponto de se revelar como criminoso, ou talvez porque as penas aplicadas aos crimes acima indicados sejam por demais severas ou, talvez (e acreditamos ser esse um fator relevante) porque a interpretação da legislação penal seja tão literal de maneira a evitar alargamentos como o pretendido por nossa rejeição ao comportamento daquele que omite o registro do trabalho como modo de furtar o recolhimento de contribuição previdenciária.

Na atividade jurisdicional, por vezes cumpre consignar as opiniões pessoais, mas, por outro lado, é necessário aderir ao entendimento dominante (no caso, pela atipicidade criminal dessa conduta omissiva) em favor da prestação jurisdicional coerente e que não crie obstáculos à pacificação dos litígios, bem como à formação de uma noção unívoca de direito capaz de dar segurança às condutas sociais e institucionais. No entanto, na atividade acadêmica, cumpre-nos enfatizar as convicções fundadas em elementos razoáveis, esperando que, em algum instante, os argumentos em que acreditamos sejam reconhecidos como corretos pela posição dominante, de maneira a impor ao empregador que não registra o contrato de trabalho na CTPS do empregado não só as obrigações tributárias cabíveis, mas também a punição penal compatível.

EM SOCORRO DA OBRIGAÇÃO TRIBUTÁRIA: NOVA ABORDAGEM EPISTEMOLÓGICA

José Souto Maior Borges[1]

1. Considerações introdutórias

Este trabalho visa reconceituar a obrigação tributária à luz de uma epistemologia jurídica rigorosa. É de fundamental importância, para lograr esse intento, obedecer às exigências de demarcação que a noção jurídico-positiva de obrigação impõe. Essa necessidade de demarcação nunca se constituiu em obstáculo para a expansão dos enunciados doutrinários sobre a obrigação tributária, caracterizados por um nível conceitual de descometimento que os equipara a enunciados universais das ciências naturais, por exemplo, os das leis físicas. Assim, pretende-se que a patrimonialidade seja requisito *essencial* da obrigação tributária. Ou, o que é o mesmo: ali onde houver uma obrigação tributária, em qualquer coordenada de espaço-tempo, estará presente essa característica: é patrimonial. De sorte que a patrimonialidade não apenas fornece a *identidade* da obrigação consigo mesma (aplicação do princípio de identidade ao campo material da obrigação tributária), mas também a *diferença* específica que permite distinguir a obrigação "propriamente dita" das obrigações "impropriamente ditas", ou seja, pseudo-obrigações ("deveres instrumentais"), porque não revestidas do atributo da patrimonialidade. Assim sendo, a patrimonialidade é determinação que caracterizaria *a priori* a obrigação tributária diante de outros deveres jurídicos.

---

[1] Professor honorário da Pontifícia Universidade Católica de São Paulo – PUC-SP. Ex-Coordenador do curso de pós-graduação (mestrado) na Faculdade de Direito da Universidade Federal de Pernambuco. Ex-Secretário de Administração do Governo de Pernambuco. Ex-Procurador da Prefeitura Municipal do Recife. Ex-Diretor da Faculdade de Direito do Recife (1996-1998). Advogado militante na área tributária e conferencista. Autor de diversas obras jurídicas.

E fornece a base material para uma imensa petição de princípio, ao dar como demonstrado o que é necessário demonstrar e não o foi: a soldagem conceitual entre obrigação e patrimonialidade, havida esta como o conteúdo econômico juridicamente qualificado das categorias obrigacionais (juridicização do fato econômico).

Esse critério distintivo material, em que a patrimonialidade consiste, postula, no entanto, a demarcação conceitual da obrigação tributária, sua circunscrição a um contexto de direito positivo (direito tributário, civil etc.), pois é de categoria juspositiva que se trata. Não existem conceitos jurídico-positivos com âmbitos de validade ilimitados. O conceito de obrigação tributária não é: a) conceito lógico-jurídico (formal, em contraposição ao material); nem b) conceito de teoria geral do direito, hipótese em que a generalidade conceitual não excetuada estaria presente ao campo das obrigações. Porque os conceitos lógico-jurídicos são obtidos *a priori* e formalmente, sem que o direito positivo lhe sirva de base empírica, aplicam-se em qualquer espaço-tempo. Para a empiricidade dos conceitos de teoria geral, é necessária, entretanto, a mediação das normas de direito positivo. Submetem-se, portanto, as categorias que o compõem, a um controle empírico mediato ou indireto, por intercessão das normas jurídico-positivas que integram as disciplinas jurídicas especializadas. Os conceitos de teoria geral são formais (relativamente formais), mas obtidos *a posteriori*, por generalização das categorias comuns contempladas nos vários ordenamentos jurídicos (abstração formalizadora). Por isso, e não outro motivo, a universalidade é atributo comum desses conceitos. Fosse conceito de direito material (de província especializada do jurídico) e essa generalidade não lhes seria possível. Mas, o conceito doutrinário de obrigação tributária é obtido, por inferência hermenêutica, do direito posto (conceito jurídico-positivo).

O conceito de obrigação tributária é extraído pela exegese do direito positivo, normas obrigacionais tributárias. Está definida a obrigação tributária principal, em contraposição à obrigação tributária acessória, no art. 113, § 1º do CTN, em cujos termos a obrigação principal reveste um conteúdo determinado: ela tem por objeto o pagamento do tributo ou de penalidade pecuniária. Essa determinação material, contudo, é apenas um dos conteúdos possíveis das obrigações e está circunscrita ao campo restrito das normas gerais de direito tributário, editadas com fulcro na CF, art. 146, *in verbis*:

"Cabe à lei complementar:

[...]

III – estabelecer normas gerais em matéria de legislação tributária, especialmente sobre:

[...]

b) obrigação [...]".

As vigentes normas gerais de direito tributário não têm um campo de aplicabilidade co-extensivo sequer ao do sistema constitucional tributário. São normas *particulares*, como as constitucionais, porém insertas no subsistema das normas de direito tributário de aplicabilidade comum à União, aos Estados-membros e aos Municípios, nesse sentido, normas nacionais. Este âmbito comum de aplicabilidade fornece o motivo porque é restrito o campo conceitual coberto pelas normas gerais editadas pelo Congresso Nacional. Elas não esgotam o estatuto jurídico do tributo. É mister integrar as normas gerais na legalidade da União, Estados, Distrito Federal e Municípios – pessoas constitucionais autônomas no tocante à instituição dos tributos de sua competência. Para a Constituição Federal, a finalidade é relevante na determinação das contribuições sociais (arts. 149 e 195). O Código Tributário Nacional sequer dispôs originariamente sobre contribuições, exceto a de melhoria (art. 5º). Por isso, foi-lhe possível instituir a regra da irrelevância de destinação legal do produto da arrecadação dos tributos (art. 4º, II). O âmbito conceitual do Código Tributário Nacional afasta o critério finalístico. É, sob esse aspecto, mais restrito até do que o da Constituição Federal. E, sem embargo, normas gerais nele postas definem a obrigação tributária, atribuindo-lhe caráter patrimonial (art. 113, § 1º do CTN). A doutrina, desvencilhando-se, sem explicar como, dessa base empírica, define a obrigação como tendo na patrimonialidade a causa de sua generalidade irrestrita (infinito linear quantitativo das normas, "mal infinito", para usarmos terminologia de Hegel). É possível avançar na análise de uma série infinita de hipóteses, porém sem lograr alcançar a infinitude delas, porque se isso fosse viável estar-se-ia paradoxalmente diante de negação do infinito: uma série finita de hipóteses. Trata-se, a obrigação patrimonial, de um conjunto normativo infinito, na ordem da intencionalidade da doutrina. Insubmisso a qualquer critério de demarcação. Deveras: sob o ponto de vista da amplitude conceitual, tanto faz afirmar, como nas leis naturais: a) que a água entra em ebulição a cem graus centígrados, ou que os corpos físicos caem no vácuo com a mesma velocidade, ou a lei de dilatação dos corpos sob efeito do calor; b) como sustentar que qualquer obrigação é essencialmente patrimonial. Todos esses enunciados, nenhum excetuado, revestem generalidade universalmente estrita. No plano: a) das leis naturais (conjunto infinito ou ilimitado de hipóteses), eles são todos legítimos; b) da dogmática do direito tributário (conjunto finito ou limitado de hipóteses), esses enunciados, porém, não se sustentam. Daí a sua ilegitimidade epistemológica congênita.

Por isso, em nosso estudo sobre a obrigação tributária, sustentamos ser equivocada a afirmação de que a obrigação tributária é essencialmente patrimonial. Sua generalidade não excetuada não necessita sequer ser investigada e avaliada em sede dogmática, porque é de si epistemologicamente ilegítima. Não há percurso lógico, nem metodológico para corroborar a tese patrimonialista. Da afirmação que várias obrigações, ou mesmo a maioria delas, são patrimoniais, descabe concluir indutivamente: toda obrigação é patrimonial. Daí a sua inviabilidade *lógica*:[2] as obrigações *a, b, c, d* são patrimoniais, logo a obrigação *n*, não pesquisada, também o será. Pode o estudioso, após a enunciação indutiva, surpreender-se com a constatação de norma obrigacional não-patrimonial. O art. 113, § 2º, do CTN bem o exemplifica.

Mas, há também uma inviabilidade *metodológica* que enferma, sem remédio, a tese da patrimonialidade. Se fosse possível (o que peremptoriamente se nega) investigar *todas* as obrigações, nenhuma excetuada, a afirmação de sua patrimonialidade teria caráter tautológico. Seria a repetição, num enunciado *genérico*, dos enunciados *particulares* sobre todas as obrigações *específicas*, como a obrigação tributária. Nada acrescentaria ao campo do conhecimento preestabelecido. Impossível é, no entanto, pesquisar esgotantemente o âmbito material coberto pelas obrigações tributárias e extratributárias, mesmo se limitada a análise à sede do direito positivo. Impede-o a própria multiplicidade dos sistemas que integram os vários direitos nacionais vigorantes em nosso planeta, o mundo sublunar, a que se referia Aristóteles.

2. Consistência do atributo da patrimonialidade das obrigações

Obedecidos os critérios constitucionais de repartição das competências, inclusive de competência tributária, normas integrativas da Constituição Federal podem dispor sobre qualquer matéria. Por

---

[2] *Obrigação tributária*. Uma abordagem metodológica. 2. ed. São Paulo: Malheiros, 1999.

isso o critério material é imprestável para demarcar conceitualmente as categorias jurídico-positivas. Ele não demarca o campo de aplicabilidade dessas normas e muito menos pode conviver com a sua expansão, para além da competência do órgão que as edita, porque já é exercitado, na função de integração constitucional, com a demarcação ínsita às normas de competência. Sem autorização + limitação, inexiste competência tributária. A competência decorre nesses termos de uma relação sintática entre norma superior (atributiva da habilitação constitucional para legislar) e norma inferior (posta no exercício da atribuição constitucional para o exercício das funções compreendidas na outorga da competência). Cabe concluir que a matéria ou o conteúdo da norma integrativa resulta de uma competência concedida por determinação de norma superior que lhe fundamenta a validação. Assim, o art. 113 do CTN recebe seu fundamento de validade do art. 146 da CF.

Não é possível, diante desse condicionamento sintático, atribuir universalidade irrestrita à patrimonialidade, cambiante, ela própria, em decorrência da diversidade de regime que lhe é atribuído em cada ordem jurídica particular (por exemplo, o subsistema das normas de direito tributário nacional). A patrimonialidade da obrigação tributária decorre de ter ela por objeto o pagamento do tributo, ou seja, uma prestação pecuniária compulsória, ou cujo valor nela se possa exprimir (identidade) e que não constitua sanção de ato ilícito (diferença). É o que expressa o CTN, art. 113, § 1º. Mas, por isso mesmo, o conteúdo da patrimonialidade é diverso segundo as obrigações de direito público (legais) e do direito privado, por exemplo, civil e comercial (obrigações voluntárias e contratuais). Não são co-extensivos os conceitos de patrimônio no direito público e no direito privado. Sujeito ativo das relações jurídicas patrimoniais, ora é o Estado, como credor de uma obrigação tributária, ora é o titular de um direito de crédito, no direito privado, ou seja, a pessoa privada detentora do patrimônio e, pois, do direito de fazê-lo valer perante terceiros. Mas eles têm algo em comum, a banda econômica das relações jurídicas. Também direito civil é o patrimônio constituído pelo complexo das relações de uma pessoa natural ou jurídica expressivas de valor econômico. No patrimônio incluem-se tão-só direitos susceptíveis de serem reduzidos a uma expressão pecuniária.

Como o de patrimônio é, também ele, conceito juspositivo, mesmo se amplamente corroborado o caráter patrimonial da obrigação tributária, essa corroboração jamais poderá revestir o caráter da universalidade estrita. Dar-se-á uma limitação congênita no seu âmbito de validade: obrigação no direito brasileiro, alemão, italiano, francês etc. Por isso, a pretensa universalidade conceitual é mero "achado" doutrinário sem correspondência com a base empírica da teoria das obrigações ou com o âmbito de referibilidade das proposições universais da teoria geral do direito.

As considerações antecedentes bastam entretanto para desocultar o que o ordenamento tributário velava em estado de ocultação: a obrigação é, no direito brasileiro, categoria de direito positivo e, pois, conceito de direito *particular*, envolvendo a negação das categorias universais que integram o campo formal da teoria geral do direito. Neste campo, cabem os conceitos jurídicos fundamentais, mas a universalidade só os reveste pelo seu caráter formal. O conteúdo ou a matéria da relação (por exemplo, a patrimonialidade) interdita o transbordamento das fronteiras da dogmática, é dizer, pré-exclui o âmbito do direito nacional e, mais restritamente, o subconjunto das normas gerais de direito tributário, como o art. 113, § 1º, do CTN, que define, em caráter inaugural no direito brasileiro, a obrigação tributária dita principal:

"A obrigação principal surge com a ocorrência do fato gerador, tem por objeto o pagamento de tributo ou penalidade pecuniária e extingue-se com o crédito dela decorrente".

A distinção entre obrigação principal e acessória, no direito tributário, não está vinculada, lógica ou dogmaticamente, à caracterização dessa distinção no direito privado. A identidade entre ambas é meramente terminológica. Não é relação, no direito tributário, entre obrigação auto-subsistente (a principal) e obrigação dependente de outra (a acessória). No direito tributário, a obrigação acessória pode subsistir com independência total da obrigação principal. Ali onde inexiste obrigação principal, persiste íntegra a obrigação acessória, como sucede em hipóteses de imunidade (CTN, art. 9º, § 1º). Assim sendo, a imunidade tributária não exime a entidade imune da prática de atos, previstos em lei, assecuratórios do cumprimento de obrigações tributárias por terceiros, como a retenção de impostos na fonte. Não está ela imune a obrigações acessórias.

Não consiste tampouco a relação conceitual entre obrigação principal e acessória numa relação lógica de implicação dedutiva entre uma e outra dessas categorias obrigacionais. É de competência do legislador integrativo da CF, quer no campo das normas gerais de direito tributário, quer no dos domínios especializados, como o direito tributário federal, estadual e municipal, estabelecer os critérios materiais que integram o nexo entre obrigação tributária principal e acessória (CTN, art. 113, §§ 1º e 2º).

3. Valor epistemológico da unificação de teorias dualistas

Se uma teoria científica unifica duas ou mais hipóteses descritivo-explicativas leva, só por isso, vantagem no entrechoque darwiniano das teorias, sua seleção "natural" nesse paralelismo jurídico-físico. A teoria da obrigação tributária patrimonial foi, em determinado momento histórico, conclusivamente infirmada, em enunciado protocolar vertido sobre o CTN (art. 113, § 2º), demonstrando-se a ilegitimidade lógica e metodológica de sua aspiração à universalidade estrita. Porque o Código Tributário Nacional prevê a existência de obrigações acessórias, originariamente não-patrimoniais, eis que elas têm por objeto prestações positivas ou negativas, previstas na legislação tributária, no interesse de arrecadação e da fiscalização dos tributos – e não no interesse do credor patrimonial. É o que está expresso nesse último dispositivo:

"A obrigação acessória decorre da legislação tributária e tem por objetivo as prestações, positivas ou negativas, nela previstas no interesse da arrecadação ou da fiscalização dos tributos".

A contraposição obrigação principal (patrimonial) e acessória (não-patrimonial) implica uma teoria dualista na caracterização das obrigações, conseqüência da disciplina dessa matéria no âmbito das normas gerais do citado Código.

Enunciado protocolar ("aqui, no CTN, art. 113, § 2º, está prevista obrigação não-patrimonial") infirma a generalidade irrestrita da teoria da patrimonialidade *essencial* das obrigações. Por isso, a doutrina, diante desse resultado adverso às suas pretensões, ensina que a obrigação acessória só é obrigação no "sentido impróprio" ou, num requinte de imprecisão, que ela é obrigação *sui generis*, mera tentativa de imunizar uma hipótese teórica conclusivamente falseada. Não "abre" a teoria à crítica, expondo-a a maior grau de refutabilidade, o que reforçaria a sua validade científica, mas pretende, ao contrário, a sobrevivência de uma hipótese teórica superada. Daí o seu caráter *ad hoc*: sua finalidade se esgota nesse desiderato.

A maior ou menor abertura conceitual à refutação das hipóteses científicas é critério que possibilita hierarquizar os seus graus de cientificidade. A hipótese, nesse sentido de abertura à refutabilidade, é sempre provisória, dada a possibilidade de refutá-la. Não por outro motivo, é cientificamente imprestável a argumentação *ad hoc*, que se "fecha" à refutação. Quem formula uma hipótese deve agradecer àqueles que denunciam a sua insuficiência teórica, pois a idoneidade conceitual de uma teoria consiste na sua resistência aos testes de refutação. Da crítica crucial terá como resultado maior aproximação da realidade. Maior será a validade de uma hipótese científica quanto maior for o número de casos a que ela se aplica. Assim, as hipóteses científicas mais ousadas têm mais elevado grau de refutabilidade e, pois, maior validade científica.

Uma explicitação e precisão necessárias, que devo a Konrad Lorenz: trata-se de um equívoco muito difundido pensar que uma hipótese é conclusivamente refutada por um só ou poucos enunciados protocolares em sentido contrário ao da sua formulação geral: "Se assim fosse, todas as hipóteses existentes estariam refutadas, pois é muito difícil que uma hipótese satisfaça todas as questões relativas a ela. Todo o nosso conhecimento é apenas uma aproximação da realidade extra-subjetiva que procuramos compreender, aliás uma aproximação progressiva. Uma hipótese não é nunca refutada por um único fato contraditório, porém somente por outra hipótese que consiga enquadrar mais fatos que ela mesma".[3]

A crítica procede e enriquece as perspectivas de análise dessa matéria. Todavia, a enunciação de enunciados protocolares em sentido contrário à hipótese (refutação ou falseamento) lhe subtrai a pretensão à universalidade. Não infirma de todo a teoria, porque apenas revela a sua margem de erro. Foi o que aconteceu quando a física clássica newtoniana se revelou menos abrangente, reduzido o seu domínio de validade pela teoria da relatividade. Deu-se, nas relações entre essas teorias, a completude da primeira por hipóteses adicionais fornecidas pela última.

---

[3] *Die Acht Todsünden der Zivilisierten Menschaft*, p. 85.

Pode-se assim enunciar, resumindo a doutrina tradicional, em proposições doutrinárias sob a forma e silogismo: "Toda obrigação é patrimonial (premissa maior afirmativa): ora, a obrigação tributária não é patrimonial (premissa menor negativa); logo, a obrigação tributária acessória só é obrigação no sentido impróprio" (conclusão afirmativa). Esse enunciado, reduzindo-se o seu âmbito de refutabilidade pela sua circunscrição à dogmática jurídica (o que não faz a doutrina tradicional), expressa um raciocínio dedutivamente correto, obediente às exigências formais de uma lógica deôntica, mas diante dele se interpõem duas situações alternativas: ou é (a) empiricamente infirmado pela enunciação protocolar da obrigação acessória no CTN, art. 113, § 2º, ou é confirmado por esse mesmo dispositivo, se havida como também patrimonial a obrigação acessória. Tudo depende da interpretação que se lhe dê, num ato de valoração do conteúdo semântico desse preceito. Como a obrigação é conceito jurídico-positivo, a sua validade lógica (sintática) não corresponde a uma validade semântica porque, embora aspirando uma validade conceitual universal, esse conceito é circunscrito a ciências dogmáticas particulares, como o direito tributário. Por isso não tem, a proposição analisada, validade epistemológica, dado o seu congênito transbordamento de âmbito de referibilidade (do particular das normas gerais do Código Tributário Nacional para o universal da teoria geral do direito). A generalidade material das normas do citado Código (e outras províncias do direito positivo brasileiro) não deve transbordar o campo do direito positivo, em que tal enunciado pode obter corroboração. Não lhe é cabível, entretanto, adentrar o campo reservado aos conceitos formais da teoria geral do direito.

A patrimonialidade da obrigação acessória tem neste estudo um sentido inteiramente diverso ao que é pretendido pela doutrina tradicional. A afirmação de que toda obrigação seria patrimonial envolve transbordamento do seu campo de referência para o âmbito da teoria geral do direito – região dos conceitos jurídicos universais. A particularidade das normas do Código Tributário Nacional (no fundo, uma característica sua) envolve, logicamente, a negação da universalidade dos conceitos da teoria geral e, reciprocamente, a afirmação do caráter geral da teoria nega o direito particular das normas gerais do Código. Esse rigor conceitual está, porém, longe de ser obtido pela doutrina do direito tributário.

3.1 O abandono da hermenêutica histórica

Quando se afirmou, em nosso seminário semanal, que as obrigações acessórias de tal sorte se expandiram no direito brasileiro que revestem, também elas, efeitos patrimoniais (contabilidade empresarial organizada, complexo de livros fiscais, funcionários especializados etc.); obrigações que acabam por evidenciar seu caráter economicamente oneroso para as empresas, dá-se, assim, progresso científico. Esse enunciado doutrinário é legítimo, tanto no âmbito dogmático, quanto no âmbito epistemológico que o controla: todas as obrigações (principal e acessória), no direito tributário brasileiro, são patrimoniais. Trata-se de unificação de explicação dualista (obrigações tributárias patrimoniais/não-patrimoniais), sem transbordamento das fronteiras do direito tributário brasileiro. Se o conteúdo de verdade da hipótese substitutiva unificadora é maior do que das hipóteses substituídas (por exemplo, o dualismo conceitual obrigacional patrimonial/não-patrimonial) e se não é maior a sua margem de erro, essa hipótese inovadora leva vantagem teórica. Implicará ela *ruptura* e progresso no conhecimento "normal" antecedente. Uma descontinuidade, portanto, na tradição doutrinária. Acumulação e interposição de um conhecimento novo. Ter-se-ia, por isso mesmo, de abandonar a *hermenêutica histórica*, que recompõe as circunstâncias nas quais a tese dualista obrigações patrimoniais/não-patrimoniais, foi concebida. Época em que as obrigações acessórias não tinham a complexidade que, na sua evolução, acabou por caracterizá-las como patrimoniais, acentuando-lhes essa característica. Porque elas envolvem hoje gastos descomedidos para as empresas, além da burocratização de suas atividades, forma indireta de majoração dos seus custos operacionais.

Resta, entretanto, algo que permanece aberto à investigação: a indagação em que consiste a patrimonialidade da obrigação tributária acessória, seu estatuto jurídico. Como caracterizá-la e demarcá-la? E, sem essa demarcação dogmática, é impossível lograr resultados científicos satisfatórios. Empreender essa análise transcende, contudo, os objetivos deste ensaio.

Tentar-se-á, sem embargo, uma outra via, esta inteiramente inexplorada até agora. Corresponde ela a essa indagação: é possível extrapassar, no art. 113, § 1º, do CTN, os lindes do direito positivo, o conseqüente âmbito restrito de referibilidade de enunciados doutrinários sobre eles vertidos? É legítimo deslocar a discussão doutrinária para esse outro ângulo, sem agredir a exigência de demarcação do objeto? É o que será visto na última parte deste trabalho. Não sem antes alertar que este estudo não pretende abandonar a análise jurídica estrita dessa matéria, plena de armadilhas conceituais, em favor de outros saberes, como a sociologia jurídica ou a história do direito, ou mediante concessões – em metodologia sincrética – à ciência econômica ou outros campos de investigação teórica (extrajurídicos).

4. Conceitos universais embutidos no CTN, art. 113, § 1º

Sob o prisma da semiologia jurídica (teoria da linguagem no direito), há níveis diversos na formulação da linguagem jurídica. O primeiro é o da linguagem-objeto, a do sistema de normas jurídico-positivas; o segundo é o da metalinguagem, que incumbe à ciência do direito na descrição/explicação desse objeto de conhecimento. São diversos esses extratos de linguagem, porque o primeiro é integrado por normas existentes (válidas), vigentes ou não, eficazes ou não, nunca preenchido pelo valor verdade ou seu contravalor falsidade, que não convêm às proporções prescritivas (normas obrigacionais, autorizativas, proibitivas). A doutrina, reversamente, descreve e explica o sistema de normas em proposições verdadeiras ou falsas. Descrição e explicação que postulam critério de verdade por correspondência: a adequação entre proposição descritiva e norma (*adequatio intellectus et normae*). Verdade num sentido derivado porque, em sentido originário, verdade é desocultamento do sentido oculto nas dobras do ordenamento jurídico (a *alétheia* dos gregos).

A linguagem doutrinária não deve consistir numa duplicação supérflua, mera glosa, dos textos legais. Na Constituição Federal de 1988, por exemplo, o art. 5º, isonomia (*caput* e I) e legalidade são princípios formalmente distintos. A metalinguagem doutrinária pode – e deve – descrevê-los como um só princípio: o da legalidade isonômica, porque somos iguais diante da lei e não diante de atos infralegais, como regulamentos, portarias, instruções normativas etc. A legalidade é a morada da isonomia – com a licença da metáfora esclarecedora. Há correspondência conceitual entre doutrina e normas, não, porém identidade de sentido, ou mesmo identidade formal, entre proposições prescritivas (normas) e proposições descritivas (doutrina).

Quando a linguagem doutrinária pratica uma demarcação no seu objeto normativo de conhecimento – característica que deve informar as disciplinas jurídicas especializadas – efetiva só com isso uma redução conceitual necessária ao *monismo de objeto* dessas ciências jurídicas particulares, como o direito tributário. É uma redução artificial operada pelas necessidades práticas de apartar os campos materiais, diversificados entre si no direito constitucional, administrativo, tributário etc. Esta é a perspectiva fundamental da ciência dogmática do direito, que se move, toda ela, em campos de especialização (monismo de objeto).

O campo da teoria geral do direito transcende o campo das ciências jurídicas especializadas. É obtido, por generalização empírica, do regime jurídico estipulado nessas províncias jurídicas especializadas. Se elas não tivessem notas comuns, nos diversos sistemas jurídicos, a teoria geral do direito seria, a rigor, impossível. Mas esta não corresponde, ela própria, a nenhum campo normativo particular. Sem embargo, a sua empiricidade existe porque é sempre possível retroceder do universal da teoria geral para o particular das ciências especializadas e, conseqüentemente, testar os enunciados de teoria geral, por exemplo, no âmbito estrito do direito tributário. E mais ainda: extrair do particular das normas tributárias, conceitos gerais, sobretudo as categorias fundamentais da teoria geral, como ver-se-á em seguida. Se negá-los, a identificação de normas de direito particular possibilitaria enunciado protocolar contrário aos enunciados de teoria geral, infirmando a sua generalidade estrita. Em conclusão: algumas obrigações, mesmo a maioria delas, seriam patrimoniais (universalidade numérica) – não porém todas as obrigações (universalidade estrita). Assim, demonstra-se que a patrimonialidade não é da essência das normas obrigacionais tributárias.

4.1 Conceitos universais ocultos nos conceitos jurídicos particulares

O conceito de obrigação tributária principal, no art. 113, § 1º, do CTN, obrigação patrimonial, está, todo ele, saturado de conceitos *universais*, como que embutidos no seu âmbito de cognoscibilidade. Assim, estão nele implícitos, dentre outros, os conceitos de relação jurídica, sujeito ativo, sujeito passivo, direito subjetivo (como o de crédito), dever jurídico e sanção. O "fato gerador" da obrigação tributária é fato jurídico (conceito universal da teoria geral), especificado como fato jurídico tributário ("hipótese de incidência tributária"), em função desse conteúdo particular, o consistir a conduta normada no dever de pagar de tributo. O conceito de relação jurídica é conceito fundamental e mostra-se sob reserva da teoria geral do direito. Não é restrito ao direito privado ou ao direito público. Não se circunscreve a um determinado subdomínio do direito público (como o direito tributário) ou do direito privado (como o direito civil ou comercial). Porém, por mais geral que seja esse conceito; sempre persiste na generalidade da teoria algo de material, à semelhança das ciências jurídicas especializadas, correspondentes a subdomínio específico do jurídico.

A relatividade da distinção dualista (formal/material), também sob esse aspecto, se evidencia. O conceito fundamental de relação jurídica, como estrutura que busca desvencilhar-se de conteúdos jurídicos dogmáticos é, não obstante, relativamente formal no sentido de que envolve – além do formal – alguma consideração de conteúdo. Conteúdo no essencial integrado pelo vinculo jurídico que caracteriza a relação e seus sujeitos ativo e passivo. Esse conteúdo se adensa nas relações jurídicas tributárias: a) sujeito ativo é o órgão do Estado *lato sensu*, o fisco; b) sujeito passivo é o contribuinte e a obrigação respectiva tem conteúdo patrimonial ou não (CTN, art. 113, §§ 1º e 2º). Essas características imprimem a identidade da relação obrigacional tributária. E possibilitam diferenciá-la das relações constitucionais, administrativas, processuais etc. O conteúdo fornece, portanto, a identidade e diferença da relação tributária.

Os conceitos de teoria geral, só com os temperamentos indicados, podem ser havidos como formais (relativamente formais): a teoria geral objetiva descrever e explicar formalmente, ou seja, com abstração dos conteúdos do direito positivo, as estruturas materiais das províncias dogmáticas do direito positivo (como caracterizadas essas estruturas nas disciplinas jurídicas especializadas). São, como se vê, conceitos universais embutidos em normas particulares. Mas a sua universalidade cobra um magno preço: ela somente é possível abstraindo-se, em grande parte, o atributo *material*, indispensável às disciplinas jurídicas especializadas, por exemplo, o ser patrimonial da obrigação. Porque é esse atributo que especifica a obrigação (direito tributário) diante do dever jurídico geral (teoria geral do direito) e mostra-se, como atributo de normas positivas, incompatível com a generalidade irrestrita no seu âmbito de validade. Nesse sentido, os conceitos jurídico-positivos envolvem negação do universal dos conceitos da teoria geral do direito, e estes, a negação dos conceitos de direito particular, como o de obrigação (patrimonial).

A generalidade dos conceitos de teoria geral do direito é obtida por via *formal*. Um atributo jurídico *material*, como a patrimonialidade, não pode alcançar o *status* de universalidade estrita. A hipótese teórica criticada revela, assim, a sua ilegitimidade sob a perspectiva de uma gnosiologia jurídica conseqüente. Conceito jurídico-positivo aspirando a generalidade dos conceitos de teoria geral do direito: um extravasamento do seu campo próprio.

Nada impede, porém, antes, tudo recomenda, como visto, que, num conceito jurídico-positivo, como o de obrigação tributária, seja analiticamente descomposta a sua normatividade em conceitos formais universais nele implícitos. Assim, na obrigação, está incluso mais um conceito universal fundamental: o de dever jurídico. A obrigação é dever jurídico saturado de conteúdo material. Categoria de direito particular (CTN, art. 113, § 1º). Mas, se é de dever jurídico que se trata, essa noção guarda em seu âmbito a generalidade conceitual ínsita às categorias da teoria geral. Portanto, a obrigação contempla, nesse campo de generalidade, um dever jurídico. Resta, no entanto, indagar como se manifesta o dever jurídico como categoria universal de teoria geral. A herança kelseniana deve ser aqui invocada e retomada. Dá-se o dever jurídico quando uma determinada conduta é prescrita como devida e a conduta oposta é pressuposto da aplicação de um ato coativo a título de sanção. Não se esclarece, nesse campo, se a conduta devida corresponde ao dever de pagar tributo (algo patrimonialmente relevante) ou se o não pagamento implica uma sanção tributária. É de sanção *tout court* que a teoria geral trata, com desconsideração dos conteúdos materiais específicos.

4.2 Relatividade dos conceitos formais na teoria geral do direito

Numa análise conseqüente, nada impede se distinga entre generalidade material e formal relativas; distinção que encontra fundamento na teoria geral do direito. Sua generalização formal não é, pois, absoluta, mas relativa. Um *quantum* material decerto reveste o conceito de dever jurídico. Trata-se de uma conduta normativamente prescrita como devida, além de sancionada, e a região das condutas humanas é região material do jurídico. A aplicação da sanção corresponde a um ato humano produtor de efeitos jurídicos, como ocorre nas sanções repressivas de atos ilícitos. Por isso, a generalização da teoria geral é uma generalização empírica, obtida a partir de dados da experiência jurídica, dados normativos – a previsão abstrata de uma conduta – inconfundível com dados de fato – a conduta concreta normada. Conclui-se, então, que, tanto na teoria geral quanto na dogmática jurídica, há conteúdos de significação material. Porém, a universalidade da teoria geral somente é possível obter pela via de uma formalização relativa: ela desconsidera os conteúdos específicos de significação das categorias jurídicas obtidos nas ciências particulares do direito, como a obrigação tributária e sua patrimonialidade. Não há, pois, co-extensividade conceitual entre dever jurídico e obrigação.

Não é a formalização obtida pela teoria geral tampouco co-extensiva com os níveis de abstração da ciência da lógica, como a abstração obtida em suas fórmulas que praticamente desconsideram qualquer conteúdo material, como as notações da lógica simbólica. Porém, a teoria geral não é um sistema lógico-dedutivo de normas e conceitos ("sistema formal fechado", diria Lourival Vilanova), mas constitui sistema empírico, nos termos já expressados, sistema "aberto" aos fatos que nele ingressam por intermédio de normas (fatos jurídicos).

Os conceitos fundamentais da teoria geral podem e devem ser estudados como conceitos relativamente formais. O conceito de relação jurídica, na sua estrutura uma relação lógica, pode, por sua vez, ser objeto de uma teoria geral das relações, como as relações inter-sistêmicas (por exemplo, sistema da dogmática jurídica e sistema da teoria geral do direito).

A demonstração antecedente serve para evidenciar que a universalidade própria dos conceitos fundamentais de teoria geral não pode ser lograda pelos conceitos materiais, como o de patrimonialidade das obrigações, porque ela somente pode ser obtida pela via formal: trata-se de um dever-ser atributivo de generalidade *formal* ao dever jurídico. Ela não contempla em si nenhuma determinação de conteúdo que o confundisse com os das ciências jurídicas especializadas. O dever (genérico) inclui o conceito particular (específico), como a obrigação patrimonial ou não, porém a obrigação – é exigência do critério de demarcação dogmática – se confina no campo das disciplinas jurídicas especializadas. Aliás – o que sempre passa desapercebido – estudo interdisciplinar só é, a rigor, possível onde existem campos de especialização delimitados nas disciplinas jurídicas particulares, como o direito tributário. Se os campos materiais dessas disciplinas se misturassem, em confusão conceitual, delírio ébrio de conceitos numa linguagem inspirada em Hegel, não haveria espaço para a interdisciplinaridade: *tudo seria um*, ou seja, uma só disciplina. Mas o estudo globalizante do direito se mostra metodologicamente inviável, dada a sua extensão descomedida. Quando muito, o estudo de vários ordenamentos jurídicos se circunscreve a uma disciplina metodológica – o direito comparado.

Estas últimas e conclusivas observações têm particular relevância na caracterização do dever jurídico como uma noção *transcendental* ao ordenamento jurídico-tributário. Esta noção transcende o conceito de obrigação. Coloca em suspenso toda a particularidade da obrigação patrimonial; particularidade que lhe é conferida precisamente em norma de direito positivo, o art. 113, § 1º do CTN, e impõe *imanência* a esse campo particular. O dever jurídico, como o consectário de uma conduta juridicamente devida, transcende conceitualmente toda particularidade predicada em norma geral de direito tributário, ou outra norma qualquer e abstrai todas as diferenças de conteúdo atribuídas às categorias obrigacionais (no Código Tributário Nacional, principais e acessórias). Por isso, a noção de dever jurídico tem primazia lógica sobre a noção de obrigação, categoria de direito positivo. É, nesses termos, uma pré-noção (conceito aglutinante): a obrigação já é o dever saturado de conteúdos e objeto de ciências especializadas do jurídico.

Sem as normas jurídico-positivas, seria impossível levar a termo o processo de generalização conceitual da teoria geral do direito. Por isso, a generalidade da teoria geral é, também ela, empírica, embora dependa da intermediação de normas integradas num contexto dogmático particular, como condição *sine qua non* para serem experimentalmente testadas. Porém, tanto as noções da ordem dogmática quanto as da teoria geral só alcançam a conduta humana por intermédio de normas.

Em sua face deontológica, *i. e.*, expressiva de um dever-ser, a relação entre dever jurídico e obrigação tributária é relação conceitual entre uma noção universal (o dever) e outra particular (a obrigação). O universal corresponde à *essência* do dever, *i. e.*, a prescrição de uma conduta devida, acrescendo-se-lhe a cominação de sanção pela sua inobservância, sem adensamento de conteúdo material algum das províncias especializadas. Nesse sentido, o dever é uma noção fundamental de teoria geral do direito. Situa-se numa dimensão universal (= geral). O dever jurídico participa nesses termos da universalidade que ele expressa. É o gênero próximo em contraposição à diferença específica (a obrigação).

E se, em retrospecto histórico e revisitação, socorremo-nos da teoria das idéias de Platão, poderemos utilizar um procedimento de negação dialética na determinação ou caracterização do dever jurídico: a idéia de dever jurídico é *una*, o que envolve negação da pluralidade (obrigação no direito tributário e no direito privado). E *imutável*, o que postula a negação de seus cambiantes conteúdos nessas províncias jurídicas especializadas (negação da mutabilidade). É ademais *simples*, o que significa afirmar a negação de seus componentes substanciais, tais como a patrimonialidade das obrigações (negação da composição variável de conteúdos jurídico-positivos). É, conseqüentemente, *indivisível*, atributo que envolve a sua insusceptibilidade a classificações, como a das obrigações tributárias, em principal e acessória (CTN, art. 113, §§ 1º e 2º) e manifesta a sua imunidade a divisões (negação da divisão). É o formal da teoria geral que lhe confere esses atributos, analiticamente caracterizadores do dever jurídico, ou seja, a consciência de impossibilidade da subtração desses atributos, e da adição de outros (a patrimonialidade), sem que, por isso mesmo, a noção retome ao leito particular das ciências jurídicas especializadas (dogmática jurídica).

A essência do dever jurídico, sob esse ângulo de análise, manifesta-se, portanto, como uma integração dialética (subsunção) do conceito universal no conceito particular e vice-versa, do conceito particular no conceito universal. Como não se dá a relação de total identidade entre dever jurídico (formal) e obrigação (material), a vinculação conceitual entre ambos corresponde a uma *analogia*. Não a uma relação de identidade. Dá-se a similitude conceitual entre dever e obrigação porque ambos participam de características comuns (conduta devida), mas já aí se interpõe a diferença (obrigação como dever jurídico patrimonial e, pois, materialmente considerado e o dever como categoria formal).

Mais precisamente, essa relação conceitual pode ser definida como uma vinculação lógica e jurídica entre o todo conceitual (o dever) e suas partes (obrigação principal e acessória). Assim, o dever jurídico acaba por corresponder a um transcendental diante da obrigação tributária.

5. Caracterização da base empírica da teoria das obrigações

A conduta normada, existencial, aqui-e-agora, o ato-fato jurídico, o ato jurídico voluntário (contratual), ou o fato natural, como uma inundação ou incêndio (fato jurídico no sentido estrito) podem constituir, à opção do legislador, o suporte fático da incidência de normas jurídicas. A fração do fato natural, em sentido amplo, envolvente das condutas humanas e fatos *stricto sensu*, na sua complexa integridade constituinte, é o suporte fático. O suporte fático é uma entidade normativa e, por isso mesmo, incide nos fatos e não coincide com a realidade concreta, objeto da normatividade jurídica. É a norma que decide sobre o que entra como essencial na composição do suporte fático e, assim, integra-se no universo do direito como fato jurídico.

Se a conduta prescrita é observada concretamente, dá-se efetividade da norma e, por exemplo, a extinção de uma obrigação legal, como a obrigação tributária (ato-fato do pagamento do tributo). Por isso, a conduta humana concreta – que não deve confundir-se com a conduta prevista em abstrato por normas jurídicas – assegura ou não a efetividade da norma, a depender de sua observância ou inobservância. Mas a conduta concreta não tem por função validar ou invalidar a norma – o que aconteceria se essa conduta fosse a sua base empírica. A base empírica dos enunciados doutrinários, numa dogmática consistente, é o sistema do direito positivo, um sistema de normas jurídico-positivas.

A validade das normas tributárias depende de sua conformação com o modo de sua produção previsto em normas constitucionais que fundamentam essa validação. Percebe-se que, assim considerada, a conduta concreta não pode constituir a base experimental de corroboração ou infirmação dos enunciados doutrinários sobre o tributo. Não constitui, pois, o critério do controle experimental dos enunciados doutrinários sobre as normas tributárias. Quem fornece essa base é o sistema tributário constitucional ou infraconstitucional, conjunto finito ou limitado de normas, materialmente qualificados como tributárias.

A norma qualifica os fatos, classificando-os como juridicamente relevantes (atos jurídicos lícitos e ilícitos) ou irrelevantes, eventos indiferentes para o direito ou, quando muito, inclusos no campo remanescente das condutas autorizadas, em virtude de aplicação da regra: o que não está proibido ou obrigatório está juridicamente autorizado. A experiência jurídica – campo de testabilidade dos enunciados doutrinários – é o sistema jurídico-positivo quem a oferta, não a conduta normada. É equivocado dizer que o direito é ciência empírica porque vai aos fatos, na sua concretude, por intermédio de normas. O fato da conduta juridicamente normada só é base empírica para a sociologia do direito – não para a dogmática jurídica, um saber centrado no sistema normativo. É assim a experiência do ordenamento jurídico-positivo de seus subsistemas do direito constitucional e infraconstitucional (direito administrativo, tributário, processual etc.). Por isso, o enunciado legal de uma proposição (protocolar) em sentido contrário à proposição geral, infirmará a generalidade irrestrita da tese da patrimonialidade das obrigações. Não é infirmada, a rigor, toda a teoria, mas afetado o seu âmbito de generalidade, que decai da universalidade irrestrita (conjunto infinito de hipóteses) para a generalidade meramente numérica (conjunto finito de hipóteses).

Normas jurídicas viabilizam o ingresso dos fatos (atos humanos e fatos jurídicos *stricto sensu*) no sistema do direito positivo. É a propriedade da completabilidade do ordenamento jurídico. Mas esse particular relacionamento sintático-normativo não autoriza a conclusão de que a base empírica da ciência jurídico-dogmática é o fato da conduta normada ou o fato natural juridicamente qualificado.

Nesse ponto, já é possível assentar que o direito não é uma ciência analítico-formal, no sentido lógico, mas dedutivo-material (no sentido dogmático), porque se volta para uma realidade normativa. E se é de obrigação tributária que se está a tratar, essa realidade é parcialmente integrada pela região material das normas sobre obrigações no direito tributário positivo (conjunto finito ou limitado de normas). Essas afirmações entram em oposição ao entendimento generalizado, no sentido de que o direito é ciência empírica, porque vai aos fatos por intermédio de normas – algo muito diferente. Que o direito vai aos fatos por intermédio de normas – concedo, mas que por esse motivo seja ele uma ciência empírica – distingo.

Descabem, no âmbito da dogmática tributária, enunciados universais, como esse: "Toda obrigação é patrimonial". Na melhor das hipóteses, esse enunciado estaria contaminado pelo germe da ambigüidade. É ao campo restrito: a) das obrigações no direito positivo; ou b) ao campo universal da teoria geral das normas que esse enunciado pretende aplicar-se? A resposta é a própria doutrina do direito tributário que a fornece: a generalidade dos seus enunciados nunca vem acompanhada de um critério de demarcação, que os circunscreva ao campo do direito tributário positivo. É reversamente o consectário de proposições materiais (= atributo da patrimonialidade) revestidas de generalidade irrestrita (conjunto infinito ou ilimitado de hipóteses aplicativas). No âmbito desse conjunto infinito, a experiência do normativo não consegue exaurir os seus elementos (normas obrigacionais). O "operador quântico" ("todas") torna epistemologicamente ilegítimos os enunciados universais no campo da obrigação tributária.

O conceito de obrigação tributária é, nos termos acima analisados, um conceito material, acatando-se, em concessão à imprecisão conceitual, mais essa outra distinção dualista, formal/material. Mas a distinção entre o formal e o material da relação não é absoluta, senão relativa. Uma hipótese-limite da aplicação das formas lógicas é a das notações simbólicas, por exemplo, $(p \to q) \vee (nq \to r)$. Desformalizando-se esse arcabouço lógico e sendo essa fórmula transposta para o campo tributário, pode ser assim recomposta: se ocorre um fato jurídico qualquer (fato jurídico tributário), então, como eficácia da relação jurídica (tributária), um sujeito jurídico (o contribuinte) está obrigado diante de outro (o fisco) a uma determinada conduta (prestar o tributo). É o conteúdo da norma obrigacional tributária encoberto, mas recoberto, pela notação simbólica. Esta recai sobre o objeto em geral, *e. g.*, o objeto natural ou jurídico. Um *quantum* mínimo de material assim a reveste.

No âmbito da teoria geral do direito, o processo de generalização é análogo (= semelhante e diverso ao mesmo tempo). Abandona-se, por abstração, o conteúdo das categorias do direito particular, como a obrigação (dever jurídico geral saturado de conteúdos na dogmática jurídica), e retém-se o formal da categoria. Não se diz aí se o dever jurídico corresponde a uma obrigação de direito público ou de direito privado, nacional ou internacional etc. E toda generalização submete-se a um critério de verificabilidade empírica. A distinção, porém, entre conceitos lógico-jurídicos e conceitos de teoria geral do direito não é de essência (absoluta), mas de graduação (relativa). A teoria geral não alcança o nível de formalização que a lógica jurídica obtém, mas algum substrato formal decerto a reveste.

Na teoria geral do direito, o jurista se defronta com a forma geral (universal) dos conceitos jurídicos. Sem embargo de sua generalidade, os conceitos de teoria geral são em algo materiais.

Onde se manifesta fenomenologicamente o direito incidindo em fatos sociais ou fatos físicos que se tornaram juridicamente relevantes, aí estará uma relação jurídica qualquer (gênero) que pode ser especificada como relação jurídico-tributária (obrigacional). Por isso, é acertado dizer-se que a teoria geral só é formal relativamente a conteúdos dogmáticos. O que significa dizer, não é o formal da teoria geral atribuição absoluta, mas relativa, como não é absoluta a formalização da própria lógica simbólica, num grau muito mais exacerbado de formalização.

Em conclusão: a formalização é característica que se insere na teoria geral do direito em caráter relativo. E, apesar disso, existe. Não são os conceitos de teoria geral formais em caráter absoluto, mas relativamente formais. O que significa o mesmo: são relativamente materiais. Seu grau de abstração formal, confrontado com o da lógica simbólica, é muito menos acentuado. Na teoria geral, os conceitos são formais em suas relações sintáticas com os conceitos das teorias jurídicas especializadas, como no direito tributário (por exemplo, CTN, art. 113). É a generalidade que fornece o diferencial dos seus conceitos diante da particularidade de dogmática do direito tributário (normas de direito tributário material). O critério material de caracterização da obrigação tributária que permitiu a doutrina caracterizá-la como patrimonial, embora em posição essencialista (universal) que a faz recair na interdição do princípio de demarcação conceitual das proposições que a dogmática jurídica entretece. Há extravasamento da demarcação conceitual quando se sustenta a generalidade estrita da patrimonialidade das obrigações tributárias.

6. Conclusões

Essas considerações, reconhece-se, estão muito distantes da teoria dogmática das obrigações tributárias. Porém, a sua consideração impõe um repensar dessas noções tradicionais, sem o que a ciência do direito tributário se demitiria da livre disponibilidade do espírito, condição *sine qua non* para as construções científicas, como recomendava Pontes de Miranda.

Deve-se o estágio insatisfatório de doutrina atual do direito tributário à desconsideração das raízes filosóficas e de teoria geral do direito, nutrizes dos campos de especialização, e sem as quais é impossível edificar um arcabouço conceitual que atenda às exigências de uma ciência rigorosa. Um jurista tributário convencional limita-se, porém, na maioria dos casos, a uma excursão em superfície sobre temas que demandam investigação em profundidade. Disputar com a doutrina milenar do direito privativo a caracterização dogmática das obrigações seria ato de imprudência intelectual. Optar por um outro caminho, como do controle epistemológico dos enunciados sobre as obrigações é ousadia intelectual que deve estar presente em todo esforço de construção de qualquer ciência. Na vida do espírito, a ousadia é um método (Bachelard). E essa investigação se legitima até sob o ponto de vista da tática expositiva, porque o campo epistemológico é inteiramente inexplorado pela doutrina do direito privado. Não se está, a rigor, disputando primazia de conceituação das obrigações com as vetustas teorias do direito civil e comercial.

JUROS SOBRE O CAPITAL PRÓPRIO E USUFRUTO: PAGAMENTO DESPROPORCIONAL

Sidney Saraiva Apocalypse[1]

Não são de hoje as preocupações do empresariado que, em grande parte, manietado por normas de diferentes matizes, busca alternativas para melhor remunerar o capital investido em seus negócios, ou mesmo para criar atrativos que tornem mais competitiva a busca por talentos profissionais que já não mais se contentam com os centenários direitos sociais que, nos dias de hoje, até os mais empedernidos sindicalistas de outrora propõem "flexibilizar". É diante desse cenário que se relatam pretensões de pagamento de juros sobre o capital próprio em montante desproporcional ao percentual de participação no capital da companhia. Instados por pretensões dessa natureza, enveredamos estudo para discutir o tema que aqui colocamos para debate.

1. Juros sobre o capital próprio – Uma digressão necessária

A literatura que se produziu a partir da edição da Lei nº 9.249/1995 é carregada de incontrastável conteúdo tributarista. Certamente porque dessa lei decorre regime jurídico de conteúdo exclusivamente tributário. Apesar disso, e de forma equivocada, a nosso pensar, criou-se a falsa idéia de que tal lei introduzira nova categoria jurídica, como, aliás, referiu até mesmo nosso mestre Alberto Xavier.[2] Não é o que entendemos. Juros

---

[1] Advogado em São Paulo. Membro efetivo da Academia Brasileira de Direito Tributário (patrono da Cadeira nº 36).
[2] XAVIER, Alberto. Natureza jurídico-tributária dos "juros sobre capital próprio" face à lei interna e aos tratados internacionais. *Revista Dialética de Direito Tributário* nº 21, São Paulo, Dialética, 1997, p. 11.

sobre o capital que acionistas vertem em companhias já podiam ser calculados, mesmo antes da vigência da lei em questão.[3] O que ocorria, na grande maioria das situações, era a impossibilidade de tais juros serem considerados, para fins tributários, como custo ou despesa dedutível, pois, enquanto pudesse ser regra do regime jurídico antes de 1995, a indedutibilidade desse encargo,[4] de outra feita a legislação extravagante já àquela época contemplava situações excepcionais a essa regra geral, admitindo a dedutibilidade dos juros sobre o capital próprio.[5]

Também fez parte da doutrina uma justificável mas improdutiva preocupação com a conceituação dos chamados juros sobre o capital, de modo a estabelecer se essa espécie de remuneração devida aos acionistas teria, ou não, a natureza jurídica de juros. Uns punham em relevo a circunstância de não se enxergar na remuneração em causa forma de remuneração sobre um capital de que o credor tenha se privado,[6] insistindo em somente admitir remuneração por juros em negócios de mútuo. Não nos parece a posição mais acertada, até porque, como se pôde ver, já datavam desde 1940 preceptivos legais

---

[3] Deve-se acentuar, desde logo, que não foi a lei de 1995 que, a rigor, introduziu o pagamento de juros sobre o capital da pessoa jurídica, em benefício de seus membros. A antiga Lei do Anonimato, de 1940, fazia referência expressa a seu pagamento, durante a instalação da sociedade (art. 129, parágrafo único, *d*); eram os chamados "juros de construção" (Valverde, 1959, 2:383). Também registro que a Lei das Cooperativas, em 1971, cuidou do assunto, estabelecendo o limite de 12% ao ano para os juros sobre o capital pagos em favor dos seus associados (Lei n. 5.764/71, art. 24, § 3º). O pagamento desse tipo de remuneração, por outro lado, nunca foi proibido na lei, daí ser sustentável sua pertinência e validade. COELHO, Fábio Ulhoa. *Curso de direito comercial*. São Paulo: Saraiva, 2002. vol. 2, p. 340.

[4] Lei nº 4.506/1964: "Art. 49. Não serão admitidos como custos ou despesas operacionais as importâncias creditadas ao titular ou aos sócios da empresa, a título de juros sobre o capital social, ressalvado o disposto no parágrafo único deste artigo".

[5] Dedutíveis já eram os juros pagos pelas cooperativas a seus associados, juros esses de até 12% ao ano sobre o capital integralizado (dedução baseada não só na exceção do parágrafo do artigo 49 da Lei nº 4.506/1964, como na Lei nº 5.764/1971, art. 24, § 3º). Empresas de serviços de energia elétrica também podiam deduzir os juros pagos sob a forma de remuneração do capital, durante o período pré-operacional (conforme Decreto nº 41.019/1957, art. 159, §§ 1º e 2º). E, por fim, há que se mencionar que também gozavam de dedutibilidade os juros pagos a acionistas durante o período chamado pré-operacional, conforme Decreto-lei nº 1.598/1977, art. 15, § 1º, *b*.

[6] "Com efeito, 'juros', segundo a doutrina, pressupõem a utilização de um capital (bem ou bens) do qual o recebedor dos juros se priva em favor do pagador dos juros durante certo lapso temporal". SOUZA, André Ricardo Passos de. O PIS/Cofins e os juros sobre o capital próprio. *Revista Dialética de Direito Tributário* nº 114, São Paulo, Dialética, 2005, p. 24.

referentes à remuneração, por meio de juros, do capital investido por acionistas nas companhias.

Não nos parece árduo convencer-se de que o capital que se empregue numa sociedade possa se compor não só do recebido de terceiros mediante empréstimo, como também do capital que seja definitivamente entregue por seus sócios. Não é desconhecida a afirmação de que os recursos financeiros entregues a uma empresa – sem caráter caritativo, por óbvio –, devam receber uma remuneração.[7] Daí, como registram Patrícia de Souza Costa e Ebenézer Oliveira da Silva, o custo do capital próprio deve ser superior ao custo dos empréstimos. Em tese, o investidor só será sócio de uma empresa se tiver expectativa de obter rendimentos superiores aos oferecidos pelo mercado financeiro. Esta diferença está relacionada com os riscos que, na opção de investir diretamente na empresa, são superiores aos suportados pelos fornecedores de capital de empréstimo. Não por outra razão, Iudícibus, Martins e Gelbcke recomendam forma específica de contabilização dos juros que devam ser pagos ou creditados aos acionistas durante período que anteceda o início das operações sociais –, o que, asseveram os respeitáveis autores, é comum em empresas concessionárias de serviços públicos ou nas que seja longa a fase anterior à de geração de receitas. Isto porque, nas suas ponderações, é conveniente remunerar o investidor durante tal período, como se tal investimento fosse, nesse tempo, uma forma de empréstimo.[8]

Assim, ainda que relevante a discussão quanto aos juros sobre capital próprio terem, ou não, natureza jurídica de juros, uma conclusão nos parece indisputável, qual seja a de que se referem a uma remuneração que se paga ao acionista em retribuição ao custo oportunidade. Remunera-se, aqui, por esse veículo, a renúncia do acionista aos atrativos

---

[7] "Os capitais das empresas geralmente são compostos da quantia recebida de terceiros, mais os recursos entregues e mantidos pelos sócios ou acionistas. Segundo Martins (2001) o conceito de custo de oportunidade aplica-se a todos os fatores de produção tomados, tanto os originados dos sócios, de terceiros ou da própria empresa e de acordo com o custo de oportunidade, todo recurso deve receber uma remuneração equivalente à que pode auferir em sua melhor alternativa desprezada." COSTA, Patricia de Souza; SILVA, Ebenézer Oliveira da. Estudo empírico sobre a adoção dos juros sobre os capitais próprios nas empresas brasileiras do setor de energia elétrica. Disponível em: http://www.congressoeac.locaweb.com.br/artigos62006/509.pdf.

[8] IUDÍCIBUS, Sérgio de; MARTINS Eliseu; GELBCKE, Ernesto Rubens. *Manual de contabilidade das sociedades por ações*. 2. ed. São Paulo: Atlas. p. 225.

oferecidos por outros investimentos.[9] É o que também ecoa, agora na voz do jurista Fábio Ulhoa Coelho: "Enquanto os juros remuneram o investidor pela indisponibilidade dos recursos, os dividendos remuneram-nos pelo particular sucesso do empreendimento social".[10]

Enfim, tomadas as situações, ainda que restritas, que anteriormente à Lei nº 9.249/1995 admitiam dedutibilidade fiscal dos encargos relativos aos juros sobre o capital próprio, ou as que atualmente também permitem esse efeito, parece-nos inquestionável a conclusão de que as razões que justificam o pagamento de dividendos e de juros sobre o capital próprio são distintas. Para pagamento dos dividendos, necessário existir lucro líquido no exercício; já para pagamento (dedutível, insistimos) dos juros, o pressuposto é diverso: há que existir lucro ou lucros acumulados, em valor igual ou superior a duas vezes o valor dos juros a serem pagos e que os juros sejam calculados mediante adoção da taxa preconizada pela Lei[11] aplicada sobre o patrimônio líquido.

2. Pagamento dos Juros – Critério e a desproporcionalidade

O pagamento de juros sobre o capital próprio submetido a tratamento fiscal que lhe confira dedutibilidade segue, necessariamente, o regime preconizado pela Lei nº 9.249/1995. Esse regime prevê que são dedutíveis os pagamentos de juros sobre o capital próprio se observadas as seguintes diretrizes:

a) individualização dos beneficiários;

b) apuração do valor dos juros sobre o capital próprio, correspondente à variação *pro rata dia* da TJLP calculada sobre o patrimônio líquido ajustado;

c) limitar a dedução ao maior dos seguintes valores:

---

[9] "A partir da edição da Lei nº 9.249 (BRASIL, 1995) os juros sobre o capital próprio (JCP) são uma opção fiscal à disposição dos gestores para remunerar os investidores. Anterior a essa Lei já existia na literatura contábil e econômica estudos quanto a utilização dos juros sobre o patrimônio para reconhecimento dos custos de oportunidade dos capitais próprios, entre eles o modelo de Shlatter e Shlatter (1957) e o modelo de Anthony (1973). COSTA, Patricia de Souza; SILVA, Ebenézer Oliveira da. Op. cit.

[10] Op. cit., p. 343.

[11] A TJLP, sigla que identifica a Taxa de Juros de Longo Prazo que é periodicamente publicada pelo Banco Central do Brasil.

c.1) 50% do lucro líquido do período de apuração após dedução da contribuição social sobre o lucro, antes do cômputo dos juros na sua base de cálculo e antes da dedução dos juros e da provisão para pagamento de imposto de renda;

c.2) 50% do somatório dos lucros acumulados e reservas de lucros.[12]

A literalidade das determinações da Lei nº 9.249/1995 não cogita, como se verifica, da possibilidade, ou não, de pagamento desproporcional dos juros sobre o capital próprio. Refere-se, quando foca o be-

---

[12] Lei nº 9.249/1995: "Art. 9º A pessoa jurídica poderá deduzir, para efeitos da apuração do lucro real, os juros pagos ou creditados individualizadamente a titular, sócios ou acionistas, a título de remuneração do capital próprio, calculados sobre as contas do patrimônio líquido e limitados à variação, pro rata dia, da Taxa de Juros de Longo Prazo –(TJLP).

§ 1º O efetivo pagamento ou crédito dos juros fica condicionado à existência de lucros, computados antes da dedução dos juros, ou de lucros acumulados e reservas de lucros, em montante igual ou superior ao valor de duas vezes os juros a serem pagos ou creditados. (Redação dada pela Lei nº 9.430/1996.)

§ 2º Os juros ficarão sujeitos à incidência do imposto de renda na fonte à alíquota de 15% (quinze por cento), na data do pagamento ou crédito ao beneficiário.

§ 3º O imposto retido na fonte será considerado:

I – antecipação do devido na declaração de rendimentos, no caso de beneficiário pessoa jurídica tributada com base no lucro real;

II – tributação definitiva, no caso de beneficiário pessoa física ou pessoa jurídica não tributada com base no lucro real, inclusive isenta, ressalvado o disposto no § 4º;

§ 4º No caso de beneficiário pessoa jurídica tributada com base no lucro presumido ou arbitrado, os juros de que trata este artigo serão adicionados à base de cálculo de incidência do adicional previsto no § 1º do art. 3º.

§ 4º (Revogado pela Lei nº 9.430/1996.).

§ 5º No caso de beneficiário sociedade civil de prestação de serviços, submetida ao regime de tributação de que trata o art. 1º do Decreto-lei nº 2.397, de 21 de dezembro de 1987, o imposto poderá ser compensado com o retido por ocasião do pagamento dos rendimentos aos sócios beneficiários.

§ 6º No caso de beneficiário pessoa jurídica tributada com base no lucro real, o imposto de que trata o § 2º poderá ainda ser compensado com o retido por ocasião do pagamento ou crédito de juros, a título de remuneração de capital próprio, a seu titular, sócios ou acionistas.

§ 7º O valor dos juros pagos ou creditados pela pessoa jurídica, a título de remuneração do capital próprio, poderá ser imputado ao valor dos dividendos de que trata o art. 202 da Lei nº 6.404, de 15 de dezembro de 1976, sem prejuízo do disposto no § 2º.

§ 8º Para os fins de cálculo da remuneração prevista neste artigo, não será considerado o valor de reserva de reavaliação de bens ou direitos da pessoa jurídica, exceto se esta for adicionada na determinação da base de cálculo do imposto de renda e da contribuição social sobre o lucro líquido."

neficiário desses juros, a pagamento individualizado a titular, sócios ou acionistas. Equivale afirmar que para tais pagamentos há que se identificar o beneficiário e identificar o montante que ao mesmo seja devido. Não tem, como entendemos, condão de impedir, ou mesmo autorizar, pagamento desproporcional.

No entanto, cremos concorrer ao desate da questão, discernir quanto à natureza dessa espécie de remuneração para daí extrair conclusão que sustente, ou refute, opinião quanto à pretendida remuneração desproporcional.

Vimos acima que a razão de pagamento de juros sobre o capital próprio não reside na participação do beneficiário nos lucros da sociedade, mas sim na circunstância de, por seu intermédio, configurar mecanismo com objetivo de compensar o acionista em razão do custo de oportunidade, em face de sua escolha consistente em manter capitais no empreendimento social, em vez de direcioná-lo para outras atividades. É remuneração que se dá não em virtude do sucesso do empreendimento, mas sim em razão da indisponibilidade dos recursos entregue à companhia,[13] percepção essa que Fábio Ulhoa Coelho sintetiza concluindo: "Os juros sobre o capital remuneram o acionista pela indisponibilidade do dinheiro, enquanto investido na companhia. Os dividendos remuneram pelo particular sucesso da empresa explorada".[14]

"O escopo das sociedades comerciais é conseguir lucros para serem partilhados entre os sócios (...) Não há sociedade comercial sem a participação dos sócios nos lucros sociais. Lucro comum (lucro comum não quer dizer lucro igual para todos os sócios) é o fim dessa sociedade".[15] Assim consagra a Lei das Sociedades Anônimas,

---

[13] "Os juros sobre o capital, com certeza, são um tipo de remuneração dos acionistas, feita em razão do investimento que eles realizam na atividade empresarial explorada pela companhia pagadora; mas uma remuneração de natureza diferente da dos dividendos. Em outros termos, o acionista, ao subscrever ou adquirir a ação, realiza na empresa explorada pela sociedade um investimento, e o faz, por evidente, visando a adequada remuneração aos recursos empregados' (...) No plano conceitual, cada espécie remunera o investimento por motivos próprios. Enquanto os juros remuneram o investidor pela indisponibilidade dos recursos, os dividendos remuneram-nos pelo particular sucesso do empreendimento social." COELHO, Fábio Ulhoa, Op. cit., p. 342-343.

[14] Idem, p. 344.

[15] CARVALHO DE MENDONÇA, J. X. *Tratado de direito comercial brasileiro*. Rio de Janeiro: Freitas Bastos, 1958. vol. 3, p. 42-43.

afirmando direito de todos os acionistas a participar dos lucros da companhia.[16] Tal direito patrimonial equivale, no dizer de Carvalhosa, a uma declaração unilateral da companhia a favor do acionista. "Tem com efeito, esse direito, o caráter de um contrato unilateral. Erigido em prerrogativa individual do acionista, modificável apenas pela lei e não pelo contrato societário, trata-se de um direito certo."[17] Direito esse, o de participação nos resultados da companhia, que se exerce segundo as regras estabelecidas pela lei ou pelos estatutos sociais. Nas sociedades anônimas, o reconhecimento da parcela de lucro que cada acionista faça jus usualmente não apresenta maiores dificuldades, pois basta verificar, diante do número de ações, a proporção de lucro que ao acionista deva ser distribuído. No entanto, e a lei admite, nem sempre à fração de capital detida corresponde igual proporção de participação nos resultados. É o que se dá quando a companhia prevê, ou a lei, regras de tratamento diferenciado, em virtude da existência de diversas espécies e classes de ações.[18] Ou seja, tomados os imperativos legais, a companhia, conforme a natureza dos direitos ou vantagens que sejam conferidas às ações, poderá ter seu capital representado por ações ordinárias, preferenciais e de fruição,[19] sendo que as ordinárias (somente em sociedades fechadas[20]) e as preferenciais poderão ser divididas em classes diversas.[21] E ainda assim, divididas as ações ordinárias em classes, o direito de participação nos resultados nas mesmas corporificado não pode ser alterado. Isto porque, ainda que divididas em classes, as ações ordinárias concorrem, em igualdade de condições, na distribuição dos lucros e do acervo líquido. A divisão em classes, nessa hipótese só pode se dar em função de outras condicionantes dentre as quais não se inclui a

---

[16] Lei nº 6.404/1976, art. 109, I.

[17] CARVALHOSA, Modesto. *Comentários à Lei de Sociedades Anônimas*. São Paulo: Saraiva, 1997. vol. 2, p. 297.

[18] "O princípio de absoluta igualdade de direitos de todos os acionistas de uma companhia, declarado no século XIX, sob a influência das idéias políticas sedimentadas na Revolução Francesa, acabou por tornar-se relativo, na medida em que se passou a reconhecer a existência de classes e espécies diversas de ações. CARVALHOSA, Modesto. Op. cit., p. 311.

[19] Lei nº 6.404/1976, art. 15.

[20] Lei nº 6.404/1976, art. 18.

[21] Lei nº 6.404/1976, art. 19.

participação nos lucros.[22] Tal direito permanece intangível, mesmo em tais condições.

De tais considerações, ainda que propedêuticas, pensamos poder extrair insuperável dificuldade em, mediante paralelismo com o que se dá na chamada distribuição desproporcional de dividendos, concluir pela possibilidade jurídica de um pretendido pagamento desproporcional de juros sobre o capital próprio. No pagamento de dividendos de forma diferenciada, o critério é informado por dados objetivos concernentes à classe ou espécie da ação que deva ser remunerada, do que decorre o admitido pagamento desigual de acionistas, enquanto para pagamento de juros aos acionistas tal critério não se encontra presente. Não se verifica distinção em virtude de posições jurídicas diferentes entre os beneficiários, já que todos haverão de ser remunerados em razão da recomposição do que acima se denominou de "custo oportunidade" – forma de compensação para o acionista por sua decisão de manter recursos na sociedade e não em outras formas atrativas de capital. No pagamento dos dividendos, repita-se, remunera-se em razão do sucesso da companhia; aqui, no pagamento de juros, remunera-se a indisponibilidade do capital aplicado. Daí, a nosso pensar, não se justificar possibilidade de pagamento de juros sobre o capital próprio de forma desproporcional a acionistas em idêntica posição jurídica, o que, aliás, sequer a lei admite em relação ao pagamento de dividendos de forma distinta, porquanto, para tanto, hão de estar os acionistas ocupando posições jurídicas distintas, quer em razão da classe das ações, quer de sua espécie. Condicionantes essas estranhas ao acionista que deva fazer jus aos juros remuneratórios do capital próprio.

Enfim, em nossa opinião, ao pagamento de juros sobre o capital próprio não se aplicam os critérios que autorizam a companhia ao pagamento diferenciado de dividendos, devendo ser observado nesse particular o pagamento individualizado e na proporção da participação detida pelos beneficiários.

---

[22] Lei nº 6.404/1976: "Art. 16. As ações ordinárias de companhia fechada poderão ser de classes diversas, em função de: I – forma ou conversibilidade de uma forma em outra; II – conversibilidade em ações preferenciais; III – exigência de nacionalidade brasileira do acionista; ou IV – direito de voto em separado para o preenchimento de determinados cargos de órgãos administrativos".

3. Uma alternativa – Usufruto

Examinadas as pretensões relatadas, não nos passou desapercebido que se os objetivos não podem ser alcançados pela via do pagamento desproporcional de juros sobre o capital próprio, tal se dá em virtude de imperativas disposições que impedem atribuição de vantagens a acionistas que não as legalmente consentidas. De maneira geral, o impedimento que se traduziu na impossibilidade de se atribuir pagamento desproporcional de juros sobre o capital próprio tem por característico o embaraço que a Lei de Sociedades Anônimas interpõe para deliberação que atribua privilégio a algum acionista sem correlação com aqueles que a lei previu. Pode parecer estranho afirmar que de outra maneira não haveria de ser. Acionistas não são proprietários dos bens da companhia; não são co-proprietários do patrimônio social. A companhia – pessoa jurídica –, tem patrimônio próprio, distinto do patrimônio dos sócios. Estes, em relação à sociedade de que participam, têm, admite-se, um direito de crédito, direito de participar dos resultados, mas que não resulta de uma relação contratual em que as partes – acionistas e sociedade – modificam suas relações segundo suas próprias vontades (as vontades dos sócios e as da sociedade).[23] Nem para distribuir o lucro – para ficar num só exemplo – é livre a sociedade anônima.

Diante de tal cenário, e tendo em conta o que se pretendeu por via de pagamento desproporcional de juros sobre o capital próprio que, de resto, tem por objetivo remunerar determinados acionistas de forma peculiar, sem observância das amarras ou limites impostos por lei, seja com respeito aos dividendos que lhes devam ser pagos, ou ainda em virtude de pagamento de juros sobre o capital próprio, parece-nos factível deslocar a questão da órbita do "direito societário" para a do direito de propriedade. Isto porque, em nosso entender, toda a problemática que se traduz na pretensão aqui examinada centra-se na possibilidade de se dispor da propriedade (só quem é dono pode dispor),

---

[23] "Assim, embora constituída a companhia sob a forma de um contrato privado, os participantes desse negócio somente podem expressar suas vontades no sentido de constituí-la, na medida em que a lei estabelece todas as regras de relacionamento entre as partes. (...) Trata-se, a constituição da companhia, portanto, de negócio jurídico de natureza plurilateral, restringindo-se a vontade dos participantes ao determinado na lei." CARVALHOSA, Modesto. Op. cit. p. 66.

deslocando, a nosso sentir, a questão central para examinar solução baseada no direito real e não, como se pretendeu, no chamado direito societário.

Resta clara a determinação de alguns acionistas em abrir mão de seus direitos essenciais em prol de outros acionistas. Não fosse isso, não estariam dispostos a reduzir direitos patrimoniais decorrentes da condição de acionistas. Assim sendo, voltar olhos para o direito de propriedade (sobre ações, *in casu*), nos parece apropriado. Pois é a incursão que nos propomos para formular alternativa que atenda esses interesses.

Em outras ocasiões,[24] já registramos a afirmação que ressoa desde os bancos acadêmicos e que, em suma, assevera inexistir patrimônio sem pessoa e pessoa sem patrimônio. O mais despojado dos desvalidos, dizíamos na ocasião, tem patrimônio. Não o possuíam na Antiguidade romana, os escravos e os filhos submetidos ao pátrio poder.[25] As pessoas têm coisas ou bens[26] e, tomando-os por objetos,[27] estabelecem diversas relações jurídicas, compondo o seu universo patrimonial. Acervo esse que não raramente se compõe de bens e também de dívidas que as pessoas contraem ao longo de suas existências formando, nesse entremear de bens e dívidas, seu patrimônio individual.[28] Assinalávamos, comentando as facetas do direito de propriedade, sua peculiaridade por admitir variedade de direitos emergentes, e assim, pluralidade de titulares sobre distintos direitos derivados da mesma coisa. Significava, com tal comen-

---

[24] Nosso Tributo – Mecanismo de controle da vida civil. *O tributo reflexão multidisciplinar sobre sua natureza.* Rio de Janeiro: Forense, 2007. p. 217.

[25] Confira-se: VENOSA, Silvio de Salvo. *Direito civil.* 4. ed. São Paulo: Atlas. vol. 1, p. 319.

[26] "Os vocábulos 'bem' e 'coisa' são usados indiferentemente por muitos escritores e, por vezes, pela própria lei. Trata-se, todavia, de palavras de extensão diferente, uma sendo espécie da outra. Com efeito, 'coisa' é o gênero do qual 'bem' é espécie. A diferença específica está no fato de esta última incluir na sua compreensão a idéia de utilidade e raridade, ou seja, a de ter valor econômico." RODRIGUES, Silvio. *Direito civil.* São Paulo: Saraiva, 2002. vol. 1, p. 116.

[27] "O direito civil só se interessa pelas coisas suscetíveis de apropriação e tem por um dos seus fins disciplinar as relações entre os homens, concernindo tais bens econômicos. RODRIGUES, Silvio Op. cit., p. 116. O jurista só estuda as coisas porque podem ser 'objeto' do direito. Silvio de Salvo Venosa, op. cit., p. 313.

[28] "Nesse sentido a opinião de Beviláqua, que define patrimônio como 'o complexo das relações jurídicas de uma pessoa que tiverem valor econômico'. Entende o mestre que o patrimônio é composto por todo o ativo e por todo o passivo de um indivíduo." RODRIGUES, Silvio. Op. cit., p. 117.

tário, assinalar que o direito de propriedade tolera protagonizar isoladas relações jurídicas tendo por objeto meros atributos desse direito. Assim, o proprietário, titular que é do direito de usar, fruir e dispor da coisa, ou ainda de reivindicá-la de quem ilegalmente a possua ou detenha,[29] goza da prerrogativa de poder se converter em alienante ou cedente de cada um dos atributos que integra o direito de propriedade. Com isso, admite o direito de propriedade que o proprietário protagonize relações jurídicas de diversas naturezas, criando múltiplos cenários e horizontes com nascente num mesmo direito e com respeito à propriedade de uma mesmíssima coisa. E o faz destacadamente, seja sobre coisa própria, seja sobre coisa alheia. Ilustram tais possibilidades negócios jurídicos como o condomínio, o usufruto, o empréstimo gratuito ou oneroso, o direito de uso, ou os direitos em garantia.

Pois bem, diante de tamanho multifacetado direito, percorremos idéias que não são inéditas – há que se reconhecer –, mas que, por vezes, vêm à baila em face de motivações distintas. É o caso do usufruto sobre ações. Instituto esse que constitui direito real de fruir as utilidades e os frutos de uma coisa, enquanto destacado da propriedade. Sobre ações, nenhuma dúvida pode ser apontada quanto a serem essas suscetíveis de usufruto. Assim se previa em anteriores leis das sociedades, como de resto a atual Lei de Sociedades Anônimas,[30] e, nesse tema, não para interferir na órbita do direito de propriedade do acionista que venha a gravar suas próprias ações com usufruto a favor de terceiros (acionistas, ou não), mas sim para disciplinar, ciosa da necessidade de proteção das questões societárias, o exercício do direito de voto (que deve ser regulado no ato da constituição do usufruto), ou ainda a quem deva o dividendo ser pago (ao acionista que estiver inscrito nos livros da sociedade como proprietário ou usufrutuário).

Concluindo, em nossa opinião a constituição de usufruto sobre ações pode ser veículo para atendimento das pretensões pertinentes à remuneração desproporcional de acionistas, sem ofensa aos preceitos da Lei de Sociedades Anônimas.

---

[29] Código Civil: "Art. 1.228. O proprietário tem a faculdade de usar, gozar e dispor da coisa, e o direito de reavê-la do poder de quem quer que injustamente a possua ou detenha".
[30] Decreto-lei 2.627/1940; Lei nº 6.404/1976, arts. 40, 114 e 205.

IMUNIDADE DAS CONTRIBUIÇÕES DE SEGURIDADE DIRIGIDA ÀS ENTIDADES BENEFICENTES DE ASSISTÊNCIA SOCIAL: INEXIGÊNCIA DE LEI COMPLEMENTAR PARA FIXAR OS REQUISITOS

Zélia Luiza Pierdoná[1]

1. Custeio da seguridade social

A Constituição de 1988 instituiu um sistema de proteção social denominado seguridade social, o qual compreende um conjunto integrado de ações de iniciativa dos poderes públicos e da sociedade, destinadas a assegurar os direitos relativos à saúde, à previdência social e à assistência social.

Referido sistema é financiado por toda a sociedade, nos termos do art. 195 da Constituição, revelando, dessa forma, a solidariedade aplicável à proteção social.

O artigo constitucional citado no parágrafo anterior preceitua que o mencionado financiamento é realizado de forma direta e indireta. A forma indireta é efetivada com recursos dos orçamentos fiscais dos entes federativos.

Diretamente, a sociedade financia a seguridade, por meio das contribuições sociais, as quais têm seus pressupostos constitucionais nos incisos do art. 195, no art. 239, além de outras fontes, que poderão ser

---

[1] Mestre e Doutora pela PUC-SP. Professora da Graduação e Pós-graduação na Faculdade de Direito da Universidade Presbiteriana Mackenzie. Procuradora da República em São Paulo. Autora do livro *Contribuições para a seguridade social*, LTr, 2003, e de diversos artigos em revistas especializadas.

instituídas por meio da competência residual, prevista no § 4º do art. 195 ou em decorrência do poder reformador.

2. Natureza das contribuições para a seguridade social

No ordenamento jurídico anterior à Constituição de 1988, a natureza jurídica das contribuições especiais, nelas incluídas as contribuições previdenciárias, era objeto de polêmica. Após a edição da EC 8/1977, o Supremo Tribunal Federal, entendeu que referidas contribuições não tinham natureza tributária.

Com a Constituição de 1988, a natureza tributária das contribuições a que se refere o art. 149 – nas quais se incluem as de seguridade social – é reconhecida, tanto pela jurisprudência,[2] como pela maioria da doutrina.

As contribuições previstas no art. 149 da Constituição, dentre as quais se incluem as de seguridade social, possuem natureza tributária. Entretanto, possuem especificidades em relação às demais espécies tributárias, sendo que o principal traço diferenciador é a destinação constitucional de sua receita.

Assim, a destinação prevista constitucionalmente é o elemento que distingue uma contribuição das demais espécies tributárias. Considerando o objeto do presente trabalho, a destinação da receita das contri-

---

[2] Quanto à natureza tributária das contribuições de seguridade social, o Supremo Tribunal Federal, no RE nº 146.733/SP, no qual se discutia a constitucionalidade da Lei nº 7.689/1988 – instituidora da contribuição social sobre o lucro –, assim decidiu:
"Sendo, pois, a contribuição instituída pela Lei nº 7.689/1988 verdadeiramente contribuição social destinada ao financiamento da seguridade social, com base no inc. I do art. 195 da Carta Magna, segue-se a questão de saber se essa contribuição tem, ou não, natureza tributária em face dos textos constitucionais em vigor. Perante a Constituição de 1988, não tenho dúvida em manifestar-me afirmativamente. De fato, a par das três modalidades de tributos (os impostos, as taxas e as contribuições de melhoria) a que se refere o art. 145 para declarar que são competentes para instituí-los a União, os Estados, o Distrito Federal e os Municípios, os arts. 148 e 149 aludem a duas outras modalidades tributárias, para cuja instituição só a União é competente: o empréstimo compulsório e as contribuições sociais, inclusive as de intervenção no domínio econômico e de interesse das categorias profissionais ou econômicas. No tocante às contribuições sociais – que dessas duas modalidades tributárias é a que interessa para este julgamento – não só as referidas no art. 149 – que se subordina ao capítulo concernente ao sistema tributário nacional – têm natureza tributária, como resulta, igualmente, da observância que devem ao disposto nos arts. 146, III, e 150, I e III, mas também as relativas à seguridade social previstas no art. 195, que pertence ao título 'Da Ordem Social'".

buições de seguridade a uma das áreas componentes do sistema protetivo, além de ser o traço que a diferencia das demais espécies tributárias, é exigência constitucional para o exercício da competência tributária.

3. Considerações gerais sobre imunidades

Imunidade é um preceito constitucional que contribui para a construção da norma jurídica de competência tributária. Os enunciados sobre imunidades incluem-se na norma que determina a competência tributária dos entes federativos, mencionando-lhes os limites materiais e formais da atividade legiferante. A competência tributária é definida na Constituição Federal.

Conceituando imunidade, Paulo de Barros Carvalho, assim se pronuncia: "Classe finita e imediatamente determinável de normas jurídicas, contidas no texto da Constituição Federal, e que estabelecem, de modo expresso, a incompetência das pessoas políticas de direito constitucional interno para expedir regras instituidoras de tributos que alcancem situações específicas e suficientemente caracterizadas".[3]

O autor citado acima sustenta que as imunidades tributárias são somente aquelas explicitadas na Carta Magna; tão-somente aquelas que irromperem do próprio texto da Lei Fundamental guardarão a fisionomia jurídica de normas de imunidade. Sustenta, ainda, que o impedimento se refere apenas à instituição de tributos, estando, o legislador, livre para estatuir as providências administrativas que bem convierem aos fins públicos.

Argumenta Paulo de Barros que é da tradição estudar os institutos da imunidade e da isenção conjuntamente. Para a maioria, seja no caso de imunidade ou na hipótese de isenção, inexiste o dever prestacional tributário, aspecto que justifica o paralelismo entre as instituições. Mas, segundo o referido professor, o mencionado paralelismo não se justifica, pois o preceito de imunidade exerce a função de colaborar, de uma forma especial, no desenho das competências impositivas. São normas constitucionais, não cuidam da problemática da incidência. Já a isenção se dá no plano da legislação ordinária, e a regra de isenção opera como expediente redutor do campo de abrangência dos critérios da hipótese ou da conseqüência da regra-matriz do tributo.

---

[3] CARVALHO, Paulo de Barros. *Curso de direito tributário*. 9. ed. São Paulo: Saraiva, 1997. p. 116.

4. Imunidades das contribuições de seguridade social

As imunidades relativas às contribuições para a seguridade social são apenas três: a prevista na parte final do inc. II do art. 195, introduzida pela EC nº 20/1998; a do art. 149, § 2º, I, preceituada pela EC nº 33/2001; e a do § 7º do art. 195, todos da CF.

O *caput* do art. 195 da CF estabelece que a seguridade social é financiada por toda a sociedade, consagrando o princípio da solidariedade.[4] Assim, a regra é de todos custearem a seguridade social, excluindo-se somente:

a) as entidades beneficentes de assistência social (§ 7º do art. 195 da CF);

b) os aposentados e pensionistas do Regime Geral de Previdência (imunidade criada pela EC nº 20/1998). No que tange aos servidores públicos, a EC nº 41/2003, estabeleceu que as aposentadorias e pensões do Regime aplicado a eles são imunes apenas até o limite do Regime Geral de Previdência Social, sendo que a EC nº 47/2005 dobrou mencionado limite para fins de incidência de contribuições sobre os proventos de aposentadoria e pensão quando o beneficiário for portador de doença incapacitante;

c) as receitas decorrentes de exportação (EC nº 33/2001).

Abaixo, passaremos a analisar a imunidade dirigida às entidades beneficentes de assistência social, dado o objeto do presente trabalho.

5. Imunidade das entidades beneficentes de assistência social[5]

O § 7º do art. 195 da Constituição estabelece:

"São isentas de contribuição para a seguridade social as entidades beneficentes de assistência social que atendam às exigências estabelecidas em lei".

---

[4] Em nossa dissertação de Mestrado, a qual se converteu, com pequenas modificações, no livro *Contribuições para a seguridade social*, defendemos que o preceito do *caput* do art. 195 consagrava o princípio da universalidade do custeio. Atualmente, entendemos que a universalidade no custeio da seguridade social revela o princípio da solidariedade.

[5] A tese defendida neste trabalho já foi sustentada, com algumas alterações, em livro de nossa autoria (*Contribuições para a seguridade social*. São Paulo: LTr, 2003) e em outros artigos publicados em revistas especializadas.

Embora o texto constitucional utilize o termo *isenção*, trata-se de imunidade, pois o preceito de imunidade, como já vimos, colabora no desenho das competências tributárias.

Os preceitos de imunidade têm sede constitucional, não cuidando da problemática da incidência, como ocorre com a isenção, cujo plano é o da legislação ordinária.

Conforme se observa no dispositivo constitucional retrotranscrito, a imunidade sob análise é dirigida às entidades beneficentes de assistência social, enquanto a imunidade do art. 150, VI, *c*, dirige-se não só às instituições de assistência social, como também às educacionais:

"Art. 150. Sem prejuízo de outras garantias asseguradas ao contribuinte, é vedado à União, aos Estados, ao Distrito Federal e aos Municípios:

[...]

VI – instituir impostos sobre:

[...]

c) patrimônio, renda ou serviços dos partidos políticos, inclusive suas fundações, das entidades sindicais dos trabalhadores, das instituições de educação e de assistência social, sem fins lucrativos, atendidos os requisitos da lei".

Assim, relativamente às contribuições para a seguridade social, além das imunidades sobre receita de exportação e sobre proventos de aposentadorias e pensões, já mencionadas, apenas as entidades beneficentes de assistência social são imunes, uma vez que as educacionais o são somente no tocante aos impostos, pois o art. 195, § 7º, do texto supremo, referiu-se às entidades beneficentes de assistência social, enquanto no art. 150, VI, *c*, referiu-se a ambas.

O motivo de o constituinte estabelecer a imunidade do art. 195, § 7º, em análise, foi o fato de as entidades beneficentes desenvolverem atividade básica de assistência social, a qual, a princípio, cumpriria ao Estado desempenhar.

A seguridade social, conforme o disposto no art. 194 da CF, compreende um conjunto de ações de iniciativa dos poderes públicos e da sociedade, destinadas a assegurar os direitos relativos à saúde, à previdência e à assistência.

Apesar do argumento da professora Maria Garcia, com o qual concordamos, de que o "sistema educacional envolve, ademais, a especificidade de serviço público essencial (...) abrangendo áreas da atividade fundamental do Estado (...)",[6] não há motivos para estender-lhes a imunidade, também no tocante às contribuições para a seguridade social, uma vez que, embora prevista no Título VIII – Da Ordem Social, não faz parte da seguridade social. Esta, conforme vimos acima, compreende saúde, previdência e assistência social.

No mesmo sentido, sustenta Regina Helena Costa:[7] "Ainda que o conceito de assistência social, hodiernamente, seja abrangente da assistência em diversas áreas (médica, hospitalar, odontológica, psicológica, jurídica), a 'assistência educacional', a nosso ver, nele não se enquadra albergada para efeito de imunidade tributária".

As entidades de assistência social desenvolvem atividades que se o Estado efetivasse, utilizaria os recursos das contribuições de seguridade social. Já nas atividades educacionais seriam utilizados recursos dos impostos, conforme o *caput* do art. 212 da CF.

Poderíamos alegar que mesmo as entidades educacionais podem ser beneficentes de assistência social, na medida em que proporcionam educação a pessoas carentes sem contraprestação, sendo também imunes às contribuições para a seguridade social. No entanto, esse argumento não se sustenta, pois, se elas não exercerem a referida atividade, o Estado deverá prestar o serviço, mas utilizando recursos de impostos e não das contribuições a que se refere o art. 195 da CF, uma vez que estaremos diante do serviço público – educação – e este não compõe a seguridade social, sendo financiado, segundo o art. 212 da CF, por um tributo específico: imposto. Caso se estenda a imunidade a elas, tais entidades deixarão de contribuir para a seguridade social, comprometendo a concessão de benefícios e serviços das áreas da seguridade.

---

[6] GARCIA, Maria. Professores estrangeiros: contratação pela universidade pública. *Revista de Direito Público*, nº 97, São Paulo, RT, p. 126, 1991.

[7] COSTA, Regina Helena. *Imunidades tributárias* – Teoria e análise da jurisprudência do STF. São Paulo: Malheiros, p. 216.

IMUNIDADE DAS CONTRIBUIÇÕES DE SEGURIDADE

Além de não estarem incluídas na norma de imunidade relativa às contribuições para a seguridade social, as entidades educacionais também não podem ser beneficiadas com enunciados, previstos na legislação infraconstitucional, relativos à isenção, visto que o art. 195, *caput*, da Lei Maior, estabelece que toda a sociedade financiará a seguridade social, somente estando excluídas as entidades beneficentes de assistência social, em razão da imunidade em discussão, bem como os proventos de aposentadoria e pensão (arts. 195, II, e 40) e as receitas decorrentes de exportação (art. 149, § 2º, I).

A concessão de isenção, pelo legislador ordinário, às entidades educacionais, diminuiria o ingresso de receitas, comprometendo o pagamento dos benefícios e serviços de seguridade social e, com isso, violaria o sistema de seguridade implantado na atual Constituição, que instituiu um orçamento próprio, conforme art. 165, § 5º, III. Tanto as despesas com educação como as receitas a ela direcionadas estarão previstas no orçamento fiscal, enquanto as receitas e despesas ligadas às três áreas da seguridade social serão discriminadas no orçamento próprio, já referido.

Portanto, uma isenção às entidades educacionais reduziria as receitas da seguridade, sem que houvesse diminuição de despesa, já que as atividades desenvolvidas por essas entidades, mesmo se a princípio fosse atribuição do poder público, não estão incluídas no orçamento da seguridade.

Outra questão que merece análise é a razão pela qual as entidades de assistência social também são imunes a impostos, conforme art. 150, VI, *c*, se a assistência tem um tributo específico – contribuição para a seguridade social. A imunidade de tais entidades quanto aos impostos é justificada pelo disposto no *caput* do art. 195 da CF, que estabelece, também, a forma indireta de a sociedade financiar a seguridade social, a qual já comentamos.

Dessa forma, considerando a forma indireta de financiamento da seguridade, além das contribuições sociais, as atividades de assistência são custeadas com recursos dos orçamentos e neles estão incluídas as receitas de impostos.

Embora tenhamos o entendimento acima exposto de que as entidades educacionais não podem ser imunes das contribuições de seguridade social e sim apenas de impostos, o Supremo Tribunal Federal, ao apreciar a liminar na ADIn nº 2028-5, manteve a redação original do inc. III do art. 55 da Lei nº 8.212/1991, uma vez que suspendeu a eficácia do enunciado do referido inciso, com redação dada pela Lei 9.732/1998 e, dessa forma, as entidades educacionais permanecem (decisão liminar) como destinatárias da imunidade das contribuições de seguridade social.

Assim, considerando que o mencionado Tribunal é quem detém a legitimidade para se manifestar em última instância sobre a constitucionalidade das normas infraconstitucionais, passaremos a admitir as referidas entidades como imunes das contribuições de seguridade, motivo pelo qual iremos discorrer sobre os requisitos necessários que elas devem apresentar para efetivamente usufruir à imunidade, uma vez que a Constituição Federal, de maneira pressuposta os determina.

O § 7º do art. 195, anteriormente transcrito, determina que as entidades sejam beneficentes de assistência social e que atendam às exigências estabelecidas em lei, a qual, conforme sustentaremos abaixo, pode ser ordinária.

O enunciado constitucional prescreve que as entidades devem ser beneficentes de assistência social. Portanto, apenas quando a instituição de educação atender aos necessitados é que ela presta assistência social, uma vez que o art. 203 da CF assim preceitua: "A assistência social será prestada a quem dela necessitar, independentemente de contribuição à seguridade social (...)".

Dessa forma, a assistência social é prestada aos necessitados. Nesse sentido, os incisos do art. 203 devem ser interpretados de acordo com o *caput*, ou seja, todas as hipóteses previstas nos incisos do citado artigo constitucional têm como destinatários os necessitados. Ressaltamos que a assistência social é subsidiária. Portanto, o Estado somente prestará assistência quando a família não tiver meios de garantir a assistência.

Quando a Constituição estabeleceu a imunidade, fê-lo para aquelas entidades que realizam as tarefas que caberiam ao Estado efetivar, motivo pelo qual também elas devem atender, para fazer jus ao benefício, aos necessitados.

6. Fixação dos requisitos por meio de lei ordinária

A imunidade prevista no § 7º do art. 195 da Constituição subordina-se à observância de requisitos estabelecidos em lei, para que a entidade possa desfrutar do citado benefício.

A questão que se discute é se os requisitos a que se refere a Constituição devem ser fixados em lei complementar ou lei ordinária.

Para quem entende que é necessária lei complementar, a argumentação apresentada é de que o art. 146, II, da CF exige o mencionado instrumento normativo para regular as limitações ao poder de tributar, mesmo no caso das contribuições, em razão de sua natureza tributária. Em razão disso, defendem a observância dos preceitos do art. 14 do CTN, uma vez que o art. 55 da Lei nº 8.212/1991 não pode ser aplicado, pois trata-se de uma lei ordinária.

Embora os arts. 9º e 14 do CTN refiram-se à imunidade dos impostos, os defensores da necessidade de lei complementar sustentam que também são aplicáveis às contribuições, pois, conforme já mencionado, o dispositivo legal específico das referidas exações – art. 55 da Lei nº 8.212/1991 – não pode ser aplicado por não ter sido introduzido pelo veículo a que a Constituição se refere no art. 146, II.

Por outro lado, para os que defendem que os requisitos podem ser fixados por lei ordinária, são válidas as condições estabelecidas no art. 55 da Lei nº 8.212/1991. A argumentação é a de que a Constituição, no art. 195, § 7º, não prescreve a necessidade de lei complementar.

Nosso entendimento é de que os requisitos podem ser fixados por lei ordinária. Referido entendimento está baseado na interpretação sistemática dos dispositivos constitucionais. Nesse sentido, o constituinte não exigiu a observância de lei complementar, uma vez que o art. 149, *caput,* da CF, ao determinar que as contribuições lá referidas deveriam observar os princípios aplicáveis aos demais tributos, não mencionou o inc. II do art. 146, também da CF, conforme se verifica abaixo:

"Art. 149. Compete exclusivamente à União instituir contribuições sociais, de intervenção no domínio econômico e de interesse das categorias profissionais ou econômica, como instrumento de sua atuação nas respectivas áreas, observado o disposto nos arts. 146, III, e 150, I e III, e sem prejuízo do previsto no art. 195, § 6º, relativamente às contribuições a que alude o dispositivo".

E, conforme já vimos, as contribuições para a seguridade social estão incluídas no referido dispositivo.

O motivo pelo qual o constituinte não incluiu no art. 149 o inc. II do art. 146, ambos da CF, não exigindo, com isso, lei complementar para regular as limitações ao poder de tributar relativamente às contribuições, deve-se a dois fatores: primeiro, porque não é o caso de uniformização, como ocorre com os impostos, por exemplo, pois a competência para instituir as referidas exações, como regra geral, é apenas da União (os Estados, o Distrito Federal e os Municípios, conforme § 1º do art. 149 da CF, apenas podem instituir contribuições previdenciárias dos seus servidores); e segundo, porque também não seria o caso de dificultar a criação de instrumento normativo, utilizando *quorum* qualificado, como, por exemplo, a instituição de empréstimos compulsórios, nos termos do art. 148 da CF, pois a imunidade foi prevista na Constituição, tendo sido remetido ao legislador infraconstitucional apenas as exigências que deverão ser observadas pelas entidade de assistência social, as quais, de certa forma, já estão pressupostas na Constituição, uma vez que o enunciado menciona que devem ser beneficentes e de assistência social. Assim, analisando sistematicamente os enunciados constitucionais relacionados às contribuições, não há que falar em lei complementar para regular os requisitos para fazer jus a imunidade prevista no § 7º do art. 195 da CF.

7. Considerações finais

A imunidade relativa às contribuições de seguridade social dirigida às entidades beneficentes de assistência social é justificada pelo fato de as entidades realizarem tarefas que, a princípio, cumpriria ao Estado realizar no campo assistencial.

Nos termos do art. 203 da CF, a assistência social é prestada aos necessitados. Assim, as entidades beneficentes de assistência social, incluindo-se as educacionais (em razão da decisão liminar do STF), somente fazem jus à imunidade das contribuições de seguridade social se atenderem aos necessitados.

Os requisitos a que se refere o § 7º do art. 195 da CF podem ser regulados por meio de lei ordinária, não havendo necessidade da edição de lei complementar para o fazer, haja vista os preceitos constitucionais relacionados à matéria.